大家小书

从紫禁城到故宫

——营建、艺术、史事

单士元 著

北京出版集团公司
北京出版社

图书在版编目（CIP）数据

从紫禁城到故宫：营建、艺术、史事 / 单士元著.
—北京：北京出版社，2017.2（2024.7 重印）
（大家小书）
ISBN 978-7-200-12571-9

Ⅰ.①从… Ⅱ.①单… Ⅲ.①故宫—北京—通俗读物 Ⅳ.①K928.74-49

中国版本图书馆 CIP 数据核字(2016)第 245931 号

·大家小书·

从紫禁城到故宫

——营建、艺术、史事

CONG ZIJINCHENG DAO GUGONG

单士元 著

*

北 京 出 版 集 团 公 司
北 京 出 版 社 出版

（北京北三环中路6号 邮政编码：100120）

网 址：www.bph.com.cn

北京出版集团公司总发行

新 华 书 店 经 销

北京华联印刷有限公司印刷

*

880 毫米×1230 毫米 32 开本 8.875 印张 150 千字

2017 年 2 月第 1 版 2024 年 7 月第 7 次印刷

ISBN 978-7-200-12571-9

定价：49.00 元

总　序

袁行霈

“大家小书”，是一个很俏皮的名称。此所谓“大家”，包括两方面的含义：一、书的作者是大家；二、书是写给大家看的，是大家的读物。所谓“小书”者，只是就其篇幅而言，篇幅显得小一些罢了。若论学术性则不但不轻，有些倒是相当重。其实，篇幅大小也是相对的，一部书十万字，在今天的印刷条件下，似乎算小书，若在老子、孔子的时代，又何尝就小呢？

编辑这套丛书，有一个用意就是节省读者的时间，让读者在较短的时间内获得较多的知识。在信息爆炸的时代，人们要学的东西太多了。补习，遂成为经常的需要。如果不善于补习，东抓一把，西抓一把，今天补这，明天补那，效果未必很好。如果把读书当成吃补药，还会失去读书时应有的那份从容和快乐。这套丛书每本的篇幅都小，读者即使细细地阅读慢慢地体味，也花不了多少时间，可以充分享受读书的乐趣。如果把它们当成补药来吃也行，剂量小，吃起来方便，消化起来也容易。

我们还有一个用意，就是想做一点文化积累的工作。把那些经过时间考验的、读者认同的著作，搜集到一起印刷出版，使之不至于泯没。有些书曾经畅销一时，但现在已经不容易得到；有些书当时或许没有引起很多人注意，但时间证明它们价值不菲。这两类书都需要挖掘出来，让它们重现光芒。科技类的图书偏重实用，一过时就不会有太多读者了，除了研究科技史的人还要用到之外。人文科学则不然，有许多书是常读常新的。然而，这套丛书也不都是旧书的重版，我们也想请一些著名的学者新写一些学术性和普及性兼备的小书，以满足读者日益增长的需求。

“大家小书”的开本不大，读者可以揣进衣兜里，随时随地掏出来读上几页。在路边等人的时候，在排队买戏票的时候，在车上、在公园里，都可以读。这样的读者多了，会为社会增添一些文化的色彩和学习的气氛，岂不是一件好事吗?

“大家小书”出版在即，出版社同志命我撰序说明原委。既然这套丛书标示书之小，序言当然也应以短小为宜。该说的都说了，就此搁笔吧。

序

任继愈

中华民族是由五十六个民族共同组成的。各民族的人口有多有少，每一个民族都对这个大家庭做出了各自的贡献。北京的故宫，号称五朝宫阙，它经历了辽、金、元、明、清五个朝代，累计八百多年。北京故宫博物院被列为世界文化遗产，循名责实，当之无愧。它属于北京，属于中国，也属于世界。

中华五千年，大致可以分成前后两个大的阶段，以秦汉统一为分界线。秦以前约三千年，是唐、虞、夏、商、周时代，由部落联盟共同推举首领，是比较松散的国家组织，历史上称颂的三代君王宫殿为茅茨土阶，不追求享受，也不可能有过多的享受。舜、禹君主禅让，而非世袭。禹开始建立了世袭制度。这些传说加上文献记载及后来地下考古发现的物证，总的看来，一切在草创阶段，文字初创，方言复杂，众多部族大致以长江、黄河两大流域为中心。众多部族杂然并处。传说禹会诸侯于会稽，有三千酋长。武王伐纣，参加会战的部落有八百之多。经过兼并战争，春秋时期列国诸侯尚有百余，战国后期只剩下七个大国。就是说前一个阶段的三千年间，国家的数目越来越少，各国家面积却越来越大。这是中国古代历史的总趋势。后一个阶段的两千多年，沿着前一个阶段的方向继续前进，秦汉开始，中国出现了一个多民族的统一大国。国君有效统治的范围以长江黄河流域为中心，南到南海边广东广西及交趾，西方北方到大漠，东到大海，东北到过河流域。随着政治形势的变化，国家的疆域有时向外扩展一些，有时向内收缩一些，以长江黄河流域为基地的总形势没有大的改变。

中华民族的伟大创造，大都是秦汉以后的这两千年间制造出来的，这两千年中的后一个一千年成就尤为显著。在最后的一千年间，有八百多年的北京的皇宫就是历代皇帝君臣制定政策，发号施令的中枢。

秦汉以后，要有效地管理这样一个多民族的大国，必须妥善处理一对基本矛盾：一方面要维持国家的权力高度集中，做到令行禁止，建立国家的稳定秩序；另一方面要照顾到广大地区各族人民的基本生活和生产，使他们安居乐业，不出乱子。古代中国社会以农业为主，一家一户为生产单位和消费单位。小农经济的特点是极端分散。中央政府要高度统一，小农经济则极端分散。维持高度统一，权力必须高度集中；小农经济的本性要求政府少干涉或不干涉。从秦汉到清末，长期共存的这一对基本矛盾处理得好，就国泰民安，否则就天下大乱，民不聊生，甚至引起大规模的动乱，导致改朝换代。

故宫作为五朝宫阙，就是最近八百年来改朝换代，治乱兴废见证者。

从辽金元至明清，皇帝权力越来越大，宫殿建筑自然地随着皇权的扩大而越来越壮丽、豪华。宫阙构建得宏伟、高大、壮丽，固然出于皇帝的穷奢极欲的私心驱使，更深层次地来考察，还在于多民族统一大国的皇帝替天发布命令，皇帝是“天子”（上帝的儿子），不同于一般百姓，封建神权时代，最高贵的享用是神的特权。无论中外，古代封建社会都是政教合一，神权支配王权。中国封建社会独具特色，皇权神权高度合一，皇权也是神权，神权也是皇权。皇帝诏令一开头必为“奉天承运，皇帝诏曰”。故宫三大殿有行政作用，更具有神殿作用。西方的最壮丽的建筑物是教堂。国王的宫殿，当然也豪华，但比不上教皇的教堂，一座教堂有继续建造一百年尚未完工的。

也正因为这个原因，宫殿、陵寝的土木工程为劳民伤财的主要项目，秦朝就是由于使用劳役过重引起农民造反的。从封建王朝着眼，没有宏伟壮丽的宫殿，不足威天下，朝四夷，但是一旦越过百姓承受的限度，那就要走到它的反面，酿成朝代覆灭的结局。

单士元先生是我多年的老朋友，也是北京大学文科研究所早年毕业的老学长。他治学谨严，为人朴实，一丝不苟的作风素为同学所钦重。他这部作品，以深入浅出的手法，把枯燥的砖木瓦石建筑物赋予灵气，读起来不枯燥。这部小书，内容丰富，言之有据，小中见大，把中国的故宫放在世界宫殿群中展现给读者，读后既增加了知识又开阔了视野。

可惜单士元先生生前工作忙，未及亲手把这部书整理问世。我国古代女学者中，有伏女传经，班女述史，庞女成道，今有单女嘉筠不畏艰难，在文物考古领域克绍父业。单士元先生泉下有知，当感欣慰。

目 录

故宫建筑历史沿革简述

（代前言）

在我国首都北京城区中心，有一座保存完整辉煌壮丽的古建筑群，是我国历史上最后两个封建王朝——明代和清代留下来的宫殿，过去称为紫禁城，现在叫它故宫。这座宫殿始建于15世纪初期，那时正是明朝永乐皇帝时代。永乐叫朱棣，是明代开国皇帝朱元璋的第四子，在南京登基。在朱棣即位的第四年，永乐四年（1406）下诏书，筹建宫殿，分遣大臣采集木材。同时在他原称燕王时的封地北平府（即北京）加以整饬，并以南京都城宫殿额名以为驻跸。北京临时政权是在元大都宫殿废墟上筹建宫殿，用了十余年的时间。到永乐十八年（1420）主要建筑建造完成，即下诏书迁都北京。据文献说，朱棣新建的北京宫殿是仿照朱元璋在南京所盖的宫殿的规模，并说比南京的还要宏伟。若考其实，蓝图是明代中都临濠，而南京宫殿布局也是临濠的摹本。

故宫占地面积七十二万平方米，用高达十米的城墙围绕，南北长九百六十米，东西长七百六十米，成一个长方形。这就是著名的紫禁城。城墙外还有宽五十米的护城河，紫禁城内各组大小宫殿还有高墙围护，宫墙外密设警跸值房，明代名红铺，清代称朱车，月夜传筹，往来巡警，称得起金城汤池。这座宏伟的明清宫殿建筑充分体现了我国古代的建筑艺术和独特风格，在世界建筑史上也具有十分重要的地位，它是一个最符合《周礼·考工记》王城规划的宫殿建筑设计的实物典型。明清故宫的建筑布局强调皇帝至尊无上，即象征权力，同时又是统治工具。在七十二万平方米的区域里，安排着若干座大大小小的殿堂、楼阁、亭台、轩斋等各种形式的建筑。紫禁城的前门是端门，正门是午门，北门叫神武门（明代叫玄武门），东门叫东华门，西门叫西华门。紫禁城四隅各有角楼一座，结构奇丽，俗称九梁十八柱。宫殿分外朝、内廷两大部分，殿堂安排都是左右对称的格局。进入午门有一片宽阔的广场，当中有内金水河弧形曲折，上架五座汉白玉栏杆的桥梁，形似玉带，因此又叫玉带桥。正北面为太和门，门内就是外朝的主要殿座：太和殿、中和殿、保和殿，一般统称为三大殿。所谓皇宫中的金銮宝殿，就是指这一组建筑。

保和殿以北为内廷部分，有乾清宫、交泰殿、坤宁宫，直通御花园，园内正中有钦安殿，再往北即宫北门——神武门。这一条约一千米、贯穿南北的中轴线上排列着故宫的骨干建筑：在中轴线两边，外朝左右有文华殿、武英殿，为三大殿的两翼建筑；在内廷，三宫东西有格局相同的东、西六宫，即旧日民间俗称的三宫六院。重重殿宇层层楼阁，万户千门目迷五色，经过古代劳动人民的智慧创造，确实是宏伟壮丽。若走出北宫门，再登上景山中峰，鸟瞰全貌，整个故宫像是一卷起伏有致的长画，绚烂的屋顶在阳光照耀下霞光四射，真是个气象万千、一片金海似的琉璃境界。

第一章　鼎建紫禁城

第一节　北京的四座宫殿建筑群

在世界闻名的古国中，巴比伦的宫殿早已无存，所谓世界七大奇观的“空中花园”也只是凭记载的描述；古希腊、罗马的宫殿只剩下了废墟；埃及、印度中世纪前的宫殿已非原貌或全貌。但北京的故宫却在近五个世纪中不断延续，保存了下来。

北京是辽、金、元、明、清五个朝代的国都，严格地说，现在的故宫是明代遗留下来的，清代进关承袭这座宫殿，后代虽有改建，但变动并不很大。那么，在拥有现在的北京故宫以前，北京有过多少皇宫呢？

除去周朝分封的燕国，学者通过科学的考证和对北京琉璃河发掘的青铜器等文物的研究，证明在周朝封燕时北京已称都，上溯到燕国时，到1995年建都已有三千零四十年。若作为国都，则是从契丹族建立的辽国算起，当时辽和五代的石晋处于对峙的局面，会同元年（938）辽太宗耶律德光升幽州为南京，据《辽史·太宗纪》载，耶律德光曾在开皇殿召见过石敬瑭的使臣。

辽南京的地址在现在北京城的西南，即宣武区（现已并入西城区）的偏西一带，白云观在它北城墙外。据载：（辽南京）城方三十六里，崇（高）三丈，衡广（厚）一丈五尺，有八个城门。皇宫在京城的“西南隅”，即在今广安门一带。广安门外的莲花池等水泊还是辽代宫廷御苑湖泊的遗址。这座皇宫曾经有过“繁盛”的记载，“门有楼阁，球场在其南”，都城城角还有角楼，至今留下南燕角、北燕角的地名，后来音转为南线阁、北线阁。

12世纪初，北方的女真族对辽国发动了突然袭击，1127年攻占辽南京，接着又灭掉北宋。俘虏宋徽宗赵佶和钦宗赵桓父子，同时把汴梁（开封）的皇宫洗劫一空。北宋汴梁无论皇家还是民间的金银珠宝、财帛子女都被掠到燕京（当时辽已灭，南京亦称燕京）。就连赵佶搜刮民间血汗营建的御苑也被拆毁。其中珍奇的山石——艮岳山石也被金朝运到燕京，作为营建金皇宫和御苑的装饰物。

大约在金海陵王完颜亮天德二年（1150），女真族皇帝在辽南京的基地上营建了中都，作为金的首都。“天德元年，海陵（即完颜亮）意欲迁都于燕……乃命左右丞相张浩、张通、左丞蔡松年，调诸路民夫筑燕京，制度如汴……改号中都。”（元《一统志》卷一“大都路”条）而《日下旧闻考》记：“（金）宫室制度，阔狭修短，举以授之左丞相张浩辈，按图修之。”这个“图”就是根据汴梁城市布局所画，金中都除营建了一座仿宋的都城和皇宫之外，还在近郊建造了离宫（别墅）御苑，其中最豪华的是中都东北近郊的大宁离宫。这片地方本来是一片稻田，“岁获稻万斛”，而且有流泉。这座大宁离宫在稻田上挖掘成湖泊，积土堆成琼华岛，即今天北海琼岛。当时还用从汴梁运来的艮岳山石堆成假山，这些秀丽奇妙的山石至今尚有遗迹可寻。

金代营建中都的工程非常繁重。《金史》记载：“役民八十万，兵夫四十万，作治数年，死者不可胜计。”这样大的工力所营建的都城和皇宫，连南宋的使臣都惊叹它的齐整和豪华。这座中都城的规模比辽南京大多了，“都城凡七十五里，城门十二，每一面分三门”。当时白云观已被圈到城里，它的北城墙在现在宣内绒线胡同、石驸马大街一线。而西城墙南城门彰义门，在今广安门外迤西里许。明清两代，北京居民一直把广安门俗称彰义门。

到了1234年，北方蒙古族骑兵在忽必烈的指挥下，以席卷之势袭击了金中都。豪华的中都和皇宫严重遭受兵火而大部分被毁，连忽必烈自己也无法住到皇宫，所以他选中了仙境一般的大宁离宫。由于中都已遭到严重破坏，再加上漕运的原因，忽必烈决心在中都之北重新建立一座都城。以琼华岛、团城为中心，修建了正朝大明宫（今紫禁城址偏北）、隆福宫（北海西南）、兴圣宫（北海西侧偏北），形成三宫鼎立的布局。这三座皇宫和御苑用红墙圈起成为皇城，皇城之外才是京城。这座京城呈长方形，“方六十里”（按元代一里二百四十步），南城墙位于今长安街一线，北城墙则在今天北郊的土城。这就是举世闻名的元大都，也即今天北京城的前身。原来中都的城址被称作“旧城”，逐渐荒废。

关于元代皇宫的记载，除散见于元代陶宗仪的《南村辍耕录》外，还有明初萧洵所著《元故宫遗录》。从记载看，元代皇宫确实豪华雄伟，它的正朝大明宫的宫城四角有十字角楼（明代拆毁）。元大明宫殿尚有两座迁至今紫禁城西北大高玄殿门前。新中国成立后加宽马路时才拆其木构正檩，上刻元代宫殿额名。当日余曾拓一纸，“文革”时遗失。原来建筑材料全数迁至西郊月坛，今亦早已无存矣。午门内有大明门，而大明宫建在十尺高的殿基之上，绕置龙凤白石栏，栏下每楯压以鳌头。兴圣宫和隆福宫分布在太液池西岸，是太子、太后和后妃居住的地方。这几处宫殿都和琼华岛相连。记载中描写这些建筑像天宫仙阙，“虽天上之清都、海上之蓬瀛，犹不足以喻其境也”，说明元代皇宫除了极尽豪华之外，也借用了汉族神话传说中的意境来设计。比如太液池中的琼华岛，就是按照“蓬莱仙岛”的传说设计出一处处的仙境，到琼华岛顶端则是一座广寒殿，说明这个仙境已经和月宫相联系，人们游到这里已经遗世而登仙了。元世祖忽必烈虽然营建了豪华的皇宫，但他经常居住的地方却是琼华岛的广寒殿。当时他有两件心爱的宝物：一件是镶嵌珍宝的床，安放在广寒殿里面；一件是盛酒用的玉瓮——渎山大玉海，至今仍存放在团城。这座广寒殿一直到明代万历朝初年仍存，后来因失修而倒坍，从屋脊中发现铸有“至元”年号的金钱，说明广寒殿是元代初年忽必烈朝所建的。事在万历七年。

元代营建了豪华的皇宫，只被享用了七十多年。明代开国后，先后在南方营造了凤阳皇宫和南京大内。洪武二十四年（1391），朱元璋特派皇太子朱标巡抚陕西，经管“建都关中”事宜。转年朱标死了，此事便没有再进行下去。北方建都问题终由朱棣解决。

渎山大玉海

元故宫石构件

历史上记载，营建北京皇宫以至都城，是以南京为蓝图而宏敞过之。但事实并不全是如此。北京皇宫在很大程度上是根据凤阳皇宫的规模和体制而建。凤阳的宫殿经过战乱，早已成为一片废墟。从考古的著述看，无论从宫殿的布局、名称还是规格看，凤阳皇宫与北京故宫比较都有惊人的相似之处，尤其是从午门到三殿这一坐朝地区，和北京故宫的“外朝”吻合。所以确切地说，北京皇城建筑应该是以凤阳为蓝图，其宏敞足过于南京，比中都有逊色。如凤阳中都石雕、砖雕、各色琉璃，均华丽并现有遗存。大殿柱础方二点七米，石雕、砖雕均雕以龙纹，北京宫殿不能比之。可以说南京故宫从规模上讲是中都的翻版，皇宫是中都再翻版。

无论南京还是凤阳的宫殿，其设计方案都不是凭空产生的。朱元璋在建都之前，曾派专门官员到长安、洛阳、开封等地，对唐宋以来的宫殿、都城建设做考察，以资参考。因此南京和凤阳的宫殿无论是布局、坛庙规格、宫门坐落、殿堂结构还是前朝、大内，宫苑的名称、制度，都有汉唐以来的依据可寻，但在规划原则上则是依照《周礼·考工记》和前朝后市、左祖右社而制。而北京都城皇宫之建设，则是在凤阳、南京的基础上又有所发展。可以说，作为古建筑艺术的宫殿，作为封建社会的“上层建筑”的表现形式之一，到了明代已经发展到集前朝之大成的地步。而满族统治者——清王朝，承袭了明代中轴线象征政权的现成建筑，没有做变动；中轴线的东西地区则变动较大。

第二节　明代的选都

洪武元年（1368）的农历七月间，朱元璋派遣徐达、常遇春率领骑兵、步兵攻入河北地界，沿运河水陆并进，势如破竹，七月二十七日攻下通州。

> 元主闻报大惧，集后妃太子议避兵北行。迟明，召集群臣会议端明殿。时元都再遭孛罗、扩廓之变，民生丧乱，守备多不设。元主徘徊叹息曰："今日岂可复作徽、钦！"遂决计北徙。左丞相失烈门、知枢密院事黑厮等皆劝固守京城。不听。命淮王帖木儿不花监国，丞相庆童留守。是夜三鼓，元主及后妃、太子开健德门由居庸关北走，如上都。
>
> 八月二日庚午，徐达等进取元都，至齐化门，将士填壕，登城而入，达登齐化门楼。执其监国宗室淮王帖木儿不花及太尉中书左丞相庆童、平章迭儿必失朴赛不花、右丞相张康伯、御史中丞满川戮之……封府库图籍、宝物及故宫

殿门，以兵守之；宫人妃主令其宦侍护视，号令士卒勿侵暴，人民安堵。（《明史纪事本末》卷八）

以上是两段关于徐达军队攻入大都的记载。元朝末代皇帝妥懽帖睦尔（顺帝）在城破之前就逃走了。逃走的路线是出健德门（今德胜门北五里，土城尚存）顺往北的大道，经龙虎台南口一带出居庸关到蒙古。徐达登城的地点是齐化门（今朝阳门），明军只杀了元朝政府的几个首要人物。元皇宫被查封守护，城市没有遭到破坏。大都更换了统治者。

明朝初年建都问题的争论。明第一个皇帝明太祖朱元璋，出身农民，曾当过和尚。1368年正月朱元璋在应天府（今南京）称帝，建国号为明，年号洪武。这时他开始考虑在哪里建都一事，许多谋臣建议建都于中原，朱元璋自己的第一个念头是建都于北宋的汴梁（即今开封）。洪武元年五月他亲自去汴梁考察，明确表示：急至汴梁，意在建都，以安天下。他回到南京后正式宣布，应天曰南京，开封曰北京。在攻占大都后，朱元璋第二次又去开封，可见他对开封的重视。但是开封始终未成为明代的首都，既未进行都城营建，也未建立行宫，原因是朱元璋经过实地考察，看到那里“民生凋敝”“水陆转运艰辛”，因而放弃了在那里建都的念头。可是为了平定北方，巩固中原，又不能不在那里设立一个陪都名义的建置，于是开封作为北京的称号达十年之久。

朱元璋由于政治和经济上的原因，想控制江淮，仰仗江南人力和财力，复于洪武二年决定在他的家乡临濠（凤阳）建都，在建都前曾召开群臣会议，进行讨论：

> ……初，上诏诸老臣问以建都之地。或言关中险固，金城天府之国；或言洛阳天地之中，四方朝贡，道里适均；汴梁亦宋之旧京，漕运方便；又或言北平元之宫室完备，就之可省民力者。上曰：所言皆善，唯时有不同耳。长安、洛阳、汴京，实周、秦、汉、魏、唐、宋所建国，平定之初，民未苏息，朕若建都于彼，供给力役悉资江南，重劳其民；若就北平，要之宫室不能无更作，亦未易也。今建业（南京）长江天堑，龙蟠虎踞，江南形胜之地，真足以立国；临濠（凤阳）则前江后淮，以险可恃，以水可漕，朕欲以为中都何如？群臣皆曰：善！（《明太祖实录》）

没有在汴梁建都，确是由于中原一带多年受元代统治阶级掠夺，加之灾荒战事，老百姓太穷困了。漕运多处壅浅，也早已不如唐宋时代了。但朱元璋不同意在北平“因元之旧”建都，却未必是怕做旧宫费工，即在凤阳建都也并非易事。他决定在凤阳建都，仍然是出自政治经济上的需要。到洪武八年（1375），他又把注意力转向南京，洪武十一年（1378）罢北京（开封），以南京为京师，而以凤阳作为陪都。

北方建都事宜最终由他的第四子朱棣完成。朱棣被封为燕王，三十多年一直经营北平，在政治、经济、军事方面积极培植自己的势力。朱元璋死后，朱棣和以长孙身份即皇帝位于南京的朱允炆之间，便爆发了不可调和的矛盾。朱棣率兵打到南京，用武力夺取了皇位。当年（永乐元年，1403）宣

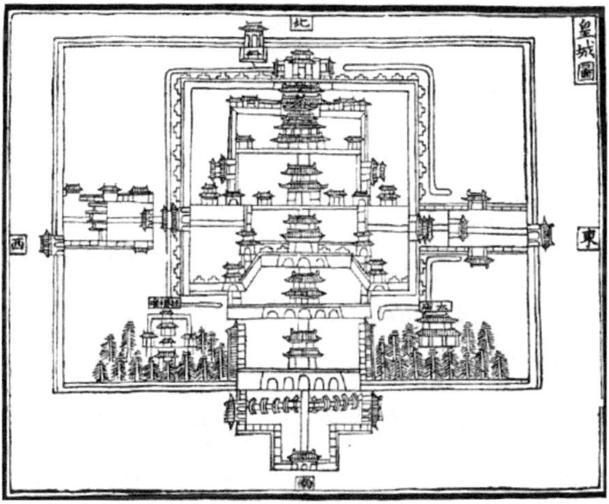

明代南京皇城图

布“以北平为北京，称行在”，先把北京作为陪都。在永乐四年（1406）便进行建都的准备，“诏建北京宫殿”。他派遣了大批官员到全国各地采办木材等建筑材料。就在这期间，朱棣三次来北京。

第一次永乐六年（1408），两年后回南京。

第二次永乐十二年（1414），亲征瓦剌，转年回南京。

第三次永乐十五年（1417），这次再没回去，而且正式宣布全面营建北京都城和紫禁城。转年把皇太子也召赴北京，正式宣布北京为京师（首都），而把南京称为“行在”（陪都）。

北京自元亡后正式成为首都，当中经历了三十多年。当时朱棣不仅把北京作为首都，而且把坟地也定在京北昌平的天寿山（今十三陵），要他的子孙后代永远守护北方疆土。

多少年来，在北京流传着刘伯温（基）修北京的故事。是刘伯温设计并主持修建了北京吗？实际上他并没有参与北京城以及紫禁城的规划和建设工作，倒是在明代建国前后主持过吴王宫和南京城的设计和营建。刘伯温是朱元璋的重要幕僚，他参与制定了许多重要国策，是明代开国元勋，在民间传说中他被描写成诸葛亮类型的人物。他在洪武四年（1371）退职还乡，洪武八年（1375）就死在青田老家了。明代营建北京是在1417年，为何有刘伯温建造北京的传说呢？原来朱元璋攻占南京以后，命令刘伯温主持营建南京的宫殿，“命刘基等卜地作新宫于钟山之阳”。由于这个缘故，才产生了刘伯温建造北京的附会。虽然北京开始营建都城和皇宫是他死后二十余年的事，但是刘伯温确实是主张以北京作为国都的。他从政治、地理、历史、文化各方面做过分析：

元氏入主中夏，虽因其迩于阴山以定都，而地形之强实甲天下。抚据全盛，几将百年。一时文章亦颇有奇气，未必非山川形胜风气之观感或有以助之也。至于元季，四方鼎沸，而国都犹晏然自若也。盖其东连沧海，西接晋冀，前有潴大陆之利，北有重关天险之固，若非天命所归，其主自逊于荒，而以势利相持，虽引百万之兵顿（屯）之坚城之下，岁月之间，成败利钝，未知其孰而得失也。（《诚意伯文集》）

在审度形势这一点上，他的见解超过了朱元璋。刘基虽然评论的是元代，但同样适用于明代。实际在永乐以后的二百多年中，在建都这一重大问题上，是应了他的预言的。

第三节　迁都北京

这是一个浩大的工程。为了建造这座宫殿，集中的全国著名工匠、优秀哲匠、服务者有十多万人，同时征调各地民工和卫军做壮工，就连监狱里的犯人也押解出来供苦役，再有其他帮工总计在百万人以上。

从建筑材料看，皇宫是以木骨架结构为建筑体系。从现有的资料看，木料都是从特产楠木的四川、贵州、广西、湖南、福建等省的高山深谷中采伐来的。在原始森林中伐运木材不知夺去多少供役者的性命，在明代文献里曾有“入山一千，出山五百”的记载。

永乐时期在北京营建皇宫是和营建都城同时进行的，这个时期将故元大都的南城墙南拓，并完成北京城墙的修建，确定整个皇宫的规模和位置。皇城的布局就在这一时期规划完成。从整个工程的政治背景和施工过程中的主体内容来看，可以分为具有不同特点的两个阶段。前一阶段自下诏时起开始备料，其间还营建西宫（原燕王府），改建更换皇宫额名，以符合帝王宫殿体制。后一阶段是营建工作的全面铺开，工程量最大也最集中。

有的文献记载，明代营建皇宫和都城是在永乐十五年（1417），史书也是以此记载。而在《明史·成祖本纪》中从永乐四年诏建北京宫殿时，就已经着手准备建筑材料进行营建。从永乐十五年正式营建到十八年，上万间的宫殿城池，三年时间绝不能建成。文献记载的永乐四年和永乐十五年两说，应以永乐四年为可信，十五年之说只能是指西宫而言。《明史·陈珪传》："永乐四年营建北京宫殿，经画有条理，甚见器重。"《明史·师逵传》："成祖即位，永乐四年建北京宫殿，分遣大臣出采木，逵往湖、湘，以十万众入山辟道路，召商贾，军役得贸易，事以办，然颇严刻，民不堪，多从李法良为乱。"《明史·古朴传》传："成祖即位，营建北京，命采木江西。"《明史·宋礼传》："初，帝将营北京，命礼取材川蜀。"

《永乐实录》明永乐四年闰七月：淇国公丘福等请建北京宫殿，以备巡幸。遣工部尚书宋礼诣四川，吏部右侍郎师逵诣湖广、户部左侍郎古朴诣江西，督军伐木……泰宁侯陈珪、北京刑部侍郎张思恭督军民造备砖瓦……命工部征天下诸色匠；在京诸卫及河南、山东、陕西都司，直隶各卫选军士；河南、山东、陕西等布政司，直隶、凤阳、淮安、扬州、泸州、安庆、徐州、海州选民丁，期明年五月俱赴北京听役。

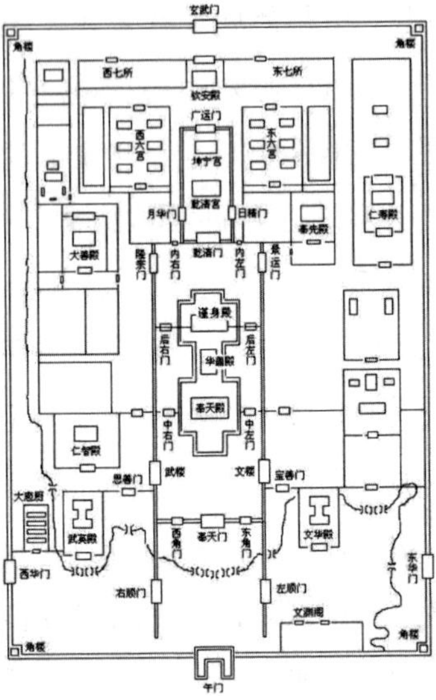

紫禁城平面图（永乐年间）

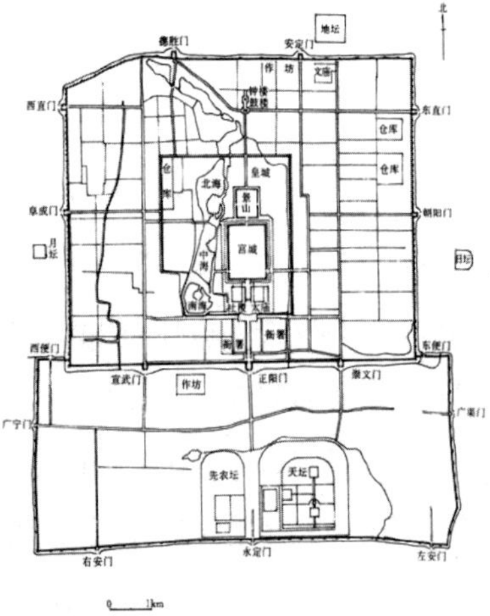

明北京城平面图

这是明初继营建凤阳、南京宫殿之后，又一次大规模地营建皇宫。当时出动了中央政府各部门的主要官员，动用的人力、物力、财力，囊括了南北各省的主要州县。只采木一项，便耗费了惊人的人力。照得楠杉大木，产在川贵湖广等处，差官采办，非四五年不得到京（见《两宫鼎建记》）。至于采石、转运、开窑烧砖、烧琉璃瓦、烧石灰也都是浩大的工程。如果连全面的规划设计、拆除旧建、创槽打基都计算在内，这个准备期间至少也需要四五年。按上述记载，民工、军工齐集北京是在永乐五年的五月，从这时开始，整个北京便开始成为一片工地，当时北京还是陪都，营建宫殿只是作为“行在”。其后朱棣三次到北京，最后一次便住了下来，亲自坐镇营建都城，开始大规模的施工，到紫禁城和北京城基本完工的时候，于永乐十八年宣布“朕继承大统，恢复鸿业，惟怀永图，眷顾北京，实为都会……乃命礼部正名京师，不称行在”。

燕王府是朱棣“发迹”的地方，当初他住燕王府时，表面装得很俭朴，一切“因元之旧”。他父亲朱元璋打发人来看他，他在夏天穿皮袄，而且生上火炉，建文帝朱允炆曾指责他居住元隆福宫“越分”，他辩解说，是他父亲的旨意。但朱棣一旦做了皇帝，这里连行宫都不够格局了，他要仿照南京的规制，首先在燕王府建成一座皇宫：

> 永乐十五年四月，西宫成。其制：中为奉天殿，殿之侧为左右二殿；奉天殿之南为奉天门，左右为东西角门；奉天门之南为午门，午门之前为承天门；奉天殿之北有后殿、凉殿、暖殿及仁寿、景福、仁和、万春、永寿、长春等宫，凡为屋千六百三十余楹。（《明太宗实录》）

以西宫和南京及凤阳的宫殿比较一下，不仅规制相同，而且正朝宫殿的名称也完全一样，后宫也是六宫。可以说，它是后来兴建北京紫禁城的一个雏形。

旧燕王府是“开朝门于前”的，它的正门就是隆福宫门。门前还有一座大慈恩寺（即后来的双塔寺、庆寿寺，其中双塔的位置就是现在西长安街马路正中，1950年扩建西长安街时拆除）。根据寺的位置可以知道，燕王府门在西皇城根南端以东，沿灵境胡同到府右街之间的地带。根据燕王府的位置，可以确定西宫承天门就在这里。

大慈恩寺是辽金著名的寺院。元代营建大都时，由于南城墙正好穿过双塔位置，忽必烈命令使南城墙部分南移，避开双塔而在这一带形成弧形。这座庙到明代仍然保留了下来。明代建皇城时从北、东两面绕开这座寺院，形成皇城西南独缺一角的局面，实质上是西宫承天门已经建成，这一段宫墙已无法和长安街取直的缘故。

从时间计算，从永乐四年到十五年西宫建成共用了十多年时间，而永乐十五年到十八年营建紫禁城和北京城却只用了三年。从工程量算，显然后者要大得多，但后一段的备料工作和规划工作却是前一段打下的基础。采办木材从采伐到运输需四五年，那么后三年中的木料显然是前十年所准备下的，直到万历朝，神木厂所藏大木皆永乐中肇造宫殿之遗物也，可见当初准备木材之多。

从永乐十五年到十八年是一段重要的施工时期，是一次大破大立，不仅拆除了元大明宫，而且把北京南城墙南移到现在前三门一线，紫禁城、皇城及整个北京城的范围和布局就是从那时确定下来的。

附

元故宫的拆毁

元大都新城和皇宫是元世祖忽必烈于元至元三年（1266）在中都营建的，至元九年（1272）落成。

至元十二年（1275）意大利商人、旅行家马可·波罗来到大都见到忽必烈，回国后写了一本《马可·波罗游记》，对当时的“汉八里”（即元大都）和一些地方做过具体描述，把元代皇宫的豪华壮丽描写得如同人间天堂。《马可·波罗游记》中有过不少描述："大殿宽广，足容六千人聚食而有余。房顶之多，可谓奇观。此宫壮丽富赡，世人布置之良，诚无逾于此者。顶上之瓦皆红黄绿蓝及其他颜色，上涂以釉，光辉灿烂。白色犹如水晶，蓝绿则如各种宝石，致使远处亦见此宫之光辉……""宫顶至高，宫墙及房壁满涂金银，并绘龙、兽、鸟、骑士形象及其他数物于其上。屋顶之天花板，亦除金银及绘画外别无他物"。他还提到另一处宫殿："大汗为其将承袭帝位之子建一别宫，形式大小完全与皇帝无异，俾大汗死后内廷一切礼仪习惯可以延存。"

上面两段，根据后来的记载校对，他所记的乃是元大内的大明宫和太液池西部的隆福宫。此外，马可·波罗还描绘了"绿山"，即琼华岛，说是"世界最美之树皆聚于此"，说忽必烈"命人以琉璃矿石满盖此山"，还提及山顶有一座大殿，即古代传说中的广寒宫（殿）。

马可·波罗是最早记录元大都和皇宫的欧洲人。他的《马可·波罗游记》是后来回到欧洲，经他口述由别人记录的。当时引起欧洲读者的强烈反响，教会却认为他是在捏造，当他垂死时，神父让他忏悔，要他承认这本游记全是谎话。马可·波罗含泪答道："上帝知道！我所说的连我看到的一半还不到哩！”

《马可·波罗游记》是追记的，当中也不免有含混之处，只能说基本真实。中国记述元代皇宫的著述不多，元陶宗仪的《南村辍耕录》是根据元《经世大典》所抄录，记载了元代中叶宫室制度，另有明初萧洵所写的《元故宫遗录》。萧洵是明洪武朝的工部郎中，亲自到过元故宫，因此《元故宫遗录》是关于元故宫最完整的著述。从他所述可看出元故宫的布置大体是以琼华岛为中心，东面是大内（大明宫），西部偏南是隆福宫（太子居住之地），西部偏北是兴圣宫。这三处建筑群坐落在离琼华岛的同一半径的三面，形成三足鼎立之势。

《元故宫遗录》中所描述的元代宫殿确乎豪华壮丽，御苑似传说中的“蓬莱仙山”，宫殿像“天宫仙阙”，“虽天上之清都、海上之蓬瀛，尤不足以喻其境也”。

一些记载说在明建国初便把这样的宫殿拆毁了，流传的说法也如此。这种记载及说法的根据是《元故宫遗录》中的两篇序言：一为吴伯节序，说萧洵“奉命随大臣至北平，毁元旧都”；一为赵琦美序，说“洪武元年灭元，命大臣毁元氏宫殿”。如果仔细分析并参阅其他记载，便可以发现这些说法有不少地方值得怀疑。分析如下：

1. 《元故宫遗录》诚然是一篇关于元故宫比较完整的记

录，从它的体例看很像一篇游记。本文中丝毫没有提及拆毁元故宫的事，没有著作年代，也没有自叙和题跋之类的附文。那两篇序是后来别人所写的，而且作者与萧洵都没有直接关系。

2.《元故宫遗录》第一篇序的作者是吴伯节，是在洪武二十九年（1396），从朋友高叔权处看到萧洵的原稿，只说“革命之初……奉命随大臣至北平，毁元旧都”，并没有说毁故宫。第二篇赵序是明万历四十四年（1616）所作，和洪武元年（1368）已相隔二百四十八年，不但元大内早已无存，明皇宫也已完备了。他所说的“洪武元年……毁元氏宫殿，庐陵工部郎萧洵实从事焉”只是二百多年前的传说。

3. 在明初的《实录》以及其他记载中也没有提到拆毁元故宫的文字，只有“大将军徐达命指挥华云龙经理元故都，新筑城垣，南北取径直，一千八百九十丈”的记载。拆毁宫殿是件大事，不会没有记录，例如元初建上都大安阁而拆毁开封熙春阁的事就有可稽考。徐达“经理元故都”并不是“毁城”而是“建城”（元，围城太广，乃减其东、西以北之半，创包砖甓），出于军事防御的需要把元旧大都的北城墙往南移了五里（即现在德胜门和安定门的地方），当时连南城墙都没有更动。直到永乐十七年（1419）全面营建北京都城和皇宫时，才把南城墙（在现今长安街）南移至现在前三门一带，“永乐十七年拓北京南城，计二千七百余丈”，这样才出现了皇城前千步廊，使皇城大门——承天门（即天安门）坐落在长安街正北，而把皇宫从元大内的位置南移。

4.《元故宫遗录》中所说的琼华岛、兴圣宫和隆福宫，在整个洪武、建文朝（共三十五年）仍然存在。朱棣被封为燕王以后，就以隆福宫作燕王府。《祖训录》“营缮”条中特别申述：“凡诸王宫室，并依已定规格起造，不许犯分；燕府因元之旧有，若王子、王孙繁盛，小院宫室任从起盖。”到建文元年（1399），朱允炆指责朱棣所住的地方“越分”，朱棣上书辩解说：“谓臣府僭侈，过于各府，此皇考所赐，自臣之国以来二十余年，并不曾一毫增损，所以不同各王府者，盖《祖训录》‘营缮’条云，明言燕因元旧，非臣敢僭越也。”也就是说，元隆福宫直到建文元年仍然完好，没有经过改建。至于琼华岛部分，更有许多记载证明它没有拆毁。琼华岛上的广寒殿原是忽必烈居住的地方，于万历七年倒塌，当时的首辅张居正记：“皇城北苑有广寒殿，瓦甓已坏，榱桷犹存，相传以为萧后梳妆楼。成祖定鼎燕京，命勿毁，以垂鉴戒。至万历七年五月，忽自倾圮，其上有金钱百二十文，盖镇物也。上以四文赐余，其文曰‘至元通宝’。按至元乃元世祖纪年，则殿建于元世祖，非辽时物矣。”由此可见万历七年（1579）以前，琼华岛上的重要建筑仍未毁掉，在洪武元年的二百多年后才倒坍。

5. 洪武二年（1369），朱元璋召集群臣，讨论建都地点问题。有人提议建在北平，理由是“元之宫室完备，就之可省民力”。说明当时元故宫仍然完备。朱元璋并没有拆毁它的意思，只是说改建起来并不省力。由此反证当时并未下令拆毁元故宫。

在《元故宫遗录》的结尾萧洵提到：“我师奄至，爱猷识理达腊仅以身免，二后，爱猷识理达腊妻、子及三宫妃嫔，扈卫诸军将师、从官，悉俘以还，元氏遂灭。”爱猷识理达腊是元顺帝的儿子，顺帝在漠北死后，他仅即位五天就被赶跑，连后妃、太子和文武官员都被俘虏。这是洪武二年的事，萧洵写《元故宫遗录》当在此之后，那么至少在洪武二年以前，他并没有写拆毁元代宫殿的事。

据有关资料，元大内宫殿在洪武二年以后还存在，只是荒芜了。如洪武五年（1372）曾在北平做过官的宋讷，在他的《西隐文稿》中有《过元故宫》诗，曰“郁葱佳气散无踪，宫外行人认九重。一曲歌残羽衣舞，五更妆罢景阳宫”，说明在宫外还能辨认九重，可见元大内并未成为废墟。再有一个叫刘崧的，在北平做过按察使品级的官，时间是在洪武三年至十三年之间。刘崧对元宫有诗曰，“宫楼粉暗女垣欹，禁苑尘飞辇路移”，这是说宫殿上的彩画山径黑暗了，宫城上的女儿墙也歪斜了。这也说明在洪武元年并未拆毁。

总之，元故宫的琼华岛、兴圣宫、隆福宫在洪武朝仍然保存了下来。隆福宫在朱棣称帝后被改建为西宫，剩下的只是一个元大内的问题。大明宫位于大都的中轴线上，是元代的正朝，在徐达攻占大都时并没有被破坏。根据上述原因，足证洪武元年拆毁元故宫的说法是不确切的。大明宫等拆毁的时间幅度大体可以假定为洪武六年到十四年之间，很有可能是在永乐四年修建明紫禁城时，元大内宫殿才被彻底拆毁的。

第四节　元、明两代皇宫位置之比较

据明孙承泽《春明梦余录》载：永乐十五年改建皇城，东去一里许，悉如金陵之制而宏敞过之。《太平广记》所载大致相同，说是“改建皇城于东，去旧宫一里许”。“旧宫”究竟指哪里？没有明确。到清《宸垣识略》中则说，明初燕邸即元隆福、兴圣诸宫遗址，在太液池西。元旧内在太液池东，其后永乐改建都城，则燕邸并元旧内为西苑，而宫城则徙之而东。

关于北京历史的一些记载，包括清代官修书《日下旧闻考》等书，很多地方辗转引用。多年来曾造成一些错觉，认为明紫禁城和元大内并不在同一地点。由于这个原因引起一些人怀疑元代中轴线和明代中轴线不在同一线上。按以上记载推算，元、明两代皇宫东西相差一里许，那么元代中轴线势必偏西。这就产生了另外一个疑问，元大都在规划时何以使中轴线偏到太液池之西？

历史资料固然是重要根据，但更可靠的乃是地下的考古。新中国成立后在维修故宫的工程中多次从地下发掘出元代砖瓦等建筑材料。1964年中科院考古所曾进行过钻探，在文华殿和武英殿取出的土方证明，在文华、武英两殿的东西平行线上，应是元代皇宫的金水河。又从景山和地安门桥等地所得资料证明，元大内的中轴线就是明紫禁城的中轴线。1962年考古所在东直门角楼下发掘出元代河渠石桥，又在拆除西直门城楼时，发现埋藏着元和义门残基。这些地下资料证明，元大都的东西城墙和明、清两代的东西城墙都在同一条直线上，这更是中轴线没有移动的一个佐证。

由此可以发现，《春明梦余录》等书记载的“东去一里许”，指的是东去“西宫”一里许。永乐十五年（1417）时西宫建成后，朱棣就住在这里，尔后皇宫东移一里许，正是紫禁

西直门城楼

城的地点。至于《太平广记》等书所说“太宗登基后，即故宫建奉天三殿，以备巡幸受朝，至十五年改建皇城于东，去旧宫一里许”，说得很明显，所谓“旧宫”就是旧燕王府所改建的行在，后建的紫禁城往东移了一里多地，这样地点就吻合了。

永乐十五年以后开始营建北京，把南城城墙往南移了将近二里，即从长安街一带移到今前三门一带。

南城墙的改筑和营建紫禁城有关。明紫禁城比元大内的大明宫偏南，把皇城的正门承天门设置在元丽正门附近；明午门约在元故宫棂星门之北；文华、武英两殿的东西一线是元金水河道，现在的太和殿大体坐落在元崇天门的位置上；往北依次是元大明门、大明殿、寝殿、后莲香阁、宝云殿，经延春门北至延春阁——即现在景山下。所以明代紫禁城比元代的大明宫南移了一里多地，但东西两侧并没有改变。元代的东华、西华两门和今天的两门处在同一侧的垂直线上，但元代两门位置偏北，略与太液池中的团城相值。尽管明代紫禁城的位置较元大内往南移，但中轴线并未变化，仍然处在北京正中，而且有了进一步的发展。

唐都城长安和宋汴梁皇宫的位置都是居中而偏北，皇宫之前也都有一条宽广平直的大道，如唐代长安城从宫城承天门到朱雀门的御街以至直通明德门的大道，宋汴梁城州桥南北的大道也是如此。按《东京梦华录》卷二“御街”条记，汴梁从宫城宣德门经过内城南面之朱雀门直达外城南面的南薰门，这条中心大道宽约二百步。金中都建都是吸收了汴梁的规制，中心大道也很突出。到元大都又有所发展。“丽正门内，曰千步廊，可七百步，建棂星门……门内二十步许有河，上建白石桥三座，名周桥……度桥二百步，为崇天门”（《元故宫遗录》）。由此看来宫门前这条大道长九百二十步，按一步为五尺，元制一尺合零点三零八米，则皇宫前这条大道将近一千五百米长。而皇宫后面的厚载门往北直通中心台也是一条大道，和皇宫前这条大道相对延伸，已呈现出城市中轴线的面貌。不过往北经中心阁前略折而偏西（今旧鼓楼大街），所以这部分并不是通直。

明代营建北京城和皇宫，使这条城市中轴线又发展了一步而趋于完备。南城墙往南移，不仅使这条驰道更加延伸，还使它穿过正阳门，成为笔直的前门大街。北部则把鼓楼和钟楼移到中轴部位。由于北城墙已缩回五里，这条大道便名副其实地成为纵贯全城的一条中轴。这条大道穿过整个皇宫中心，因此明清两代最豪华雄伟的建筑全都处在中轴线上。从正阳门箭楼起，经大明门、千步廊、承天门、端门、午门、奉天门、奉天殿、华盖殿、谨身殿、乾清门、乾清宫、坤宁宫（交泰殿为明中叶所建）、琼苑门、玄武门、北上门、景山门、寿皇殿、北中门、北安门直达鼓楼、钟楼，全长八千米，南北笔直，一气贯通。今天从城内制高点的景山高处眺望，仍然可以体会到这条城市主干的鲜明特色。层层门禁的巍耸开阖，锁不住这条大道的奔放气势；九重宫殿的嵯峨起伏，反而映衬出这条中轴线的雄伟格局。建筑物的对称和夹峙，使它形象非常鲜明，穿过景山一直向北伸展，钟鼓二楼形成两座屏障坐落在这条大道的北端，使它消失在万家民舍之中，既煞住这条大道的气势，又使人产生无穷尽之感。

这条中轴线气魄之大，为历史上各都城所罕见，在世界各大都市中也独具一格，保存至今。天安门前的千步廊及两旁地带，经过几次改建，成为四十万平方米的广阔的天安门，扩建后的长安街中段宽至一百米，是北京最宽的一条纬线。这座世界上最大的城市中心广场不仅没有冲淡这条中轴线，反而更增加了它的雄伟和辽阔，这是城市建设中古为今用的杰出成就，是充分借鉴古建和掌握城建规律的结果。中轴线和跨在上面及夹峙两旁的雄伟建筑起了相辅相成、互相掩映的作用：建筑物的前后呼应、左右衬托增加了中轴线的气势；中轴线的平直宽阔、连贯鲜明又突出了主要建筑的宏伟，形成了北京城市的独特风格。

第五节　营建紫禁城的四个时期

明代自永乐四年（1406）开始营建紫禁城，直到明末，可以说是在陆续不断地进行。除去一般维修外，以工程量计大体上可以分为四个时期。

一、永乐开创时期

这个时期整个工程分为两个阶段。前一阶段是备料，营建西宫；后一阶段是正式营建北京城、皇城和紫禁城，工程量最为浩大。北京紫禁城以南京宫殿为蓝图，且在取得营建凤阳、南京两处宫殿的经验后进行施工，因而在规模、气派及工艺上虽逊于中都，但要比南京宏敞，而在布局上则比中都、南京更为完整。

紫禁城宫殿南北分为前朝和大内，东西分为三路纵列，中宫和东西六宫，形成众星拱月的布局。它是中国封建社会中历朝皇宫的沿袭和集大成，体现了封建统治阶级的最高营建法式。今天看到的紫禁城故宫基本上是永乐时期所奠定的基础。

东西部御苑部分，既承袭了元代琼华岛部分，又营建了西宫（元隆福宫旧址，今中南海部分）和景山，改变了元朝三宫鼎立的格局，形成以紫禁城为中心，四周环绕西宫、南内、景山三处御苑，并圈于皇城内的格局。同时在皇城兴建了各监、局、作、库等一整套供应皇家需要的机构。从历史上看，无论在欧洲还是亚洲，在封建社会时期，封建主一般都把御用服务机构以及作坊库房设在宫廷之内或贴近城堡地带。以英国中世纪的都铎王朝为例，作坊就设在城堡之下，仓库设于城堡之中。中国历代都城的建筑非常繁复，至少分为都城和宫城两重。到元代以后禁区扩大，都城和皇宫之间围以红墙叫作“红门拦马墙”。明代吸收了元代规制，把红门拦马墙向东南方面扩展，形成后来的皇城。御用机构分布于各御苑与紫禁城之间。这样的双重宫禁，布局之工整、机构之繁多，充分体现了亿万之家供养皇帝一身的建筑主题。

永乐时期的建都和营造宫殿，是明代开国后继南京、凤阳后最浩大的一次全国性工程。四五十年内连续进行三次大规模营建，所耗用的财力、人力、物力可想而知。值得一提的是，皇宫中最大的建筑——金銮宝殿，在永乐十九年（1421）即建成后仅仅九个月，竟然被一次雷火烧毁。这件事引起整个朝廷的震惊。当时再也无力进行重建了，朱棣只好下诏求“直言”。一位大官员邹缉上书，直指这次营建对民间的影响：

陛下肇建北京……几二十年，工大费繁，调度甚广，冗官蚕食，耗费国储。工作之夫，动以百万，终岁供役，不得躬亲田亩以事力作。犹且征求无艺，至伐桑枣以供薪，剥桑皮以为楮。加之官吏横征，日甚一日。如前岁买办颜料，本非土产，动科千百。民相率敛钞，购之他所。大青一斤，价至万六千贯。及进纳，又多留难，往复辗转，当须二万贯钞，而不足供一柱之用。其后既遣官采之产所，而买办犹未止。盖缘工匠多派牟利，而不顾民艰至此。

这是一篇很有价值的谏言，把当时的皇家向民间横征暴敛记载得多么具体！不但如此，其中还提到强拆民房事宜：

自营建以来，工匠小人假托威势，驱迫移徙，号令方施，庐舍已坏。孤儿寡妇哭泣叫号，仓皇暴露，莫知所适。迁移甫定，又复驱令他徙，至有三四徙不得息者。及其既去，而所空之地，经月逾时，工犹未及。此陛下所不知，而人民疾怨者也。

谏言中也提到官吏贪污之情景：

贪官污吏，遍及内外，剥刮及于骨髓。朝廷每遣一人，即是其人养活之计。虐取苛求，初无限量。有司承奉，惟恐不及。间有廉强自守，不事干媚者，辄肆馋毁，动得罪谴，无以自明。是以使者所至，有司公行货赂，剥下媚上，有同交易。夫小民所积几何？而内外上下诛求如此。

就在皇家大兴土木之际，民间疾苦如何？

今山东、河南、山西、陕西水旱相仍，民至剥树皮、掘草根以食。老幼流移，颠踣道路，卖妻鬻子，以求苟活。而京师聚集僧道万余人，日耗廪米百余石，此夺民食而养无用也。

这篇直言可以说是皇家营建的记述，也是当时社会政治、经济的一个缩影。但就是这样一份显然缩小了事实，并大加修饰的奏折，仍然被朱棣罪为“多斥时政”，下令把那些“直言”的大臣都下了狱。

二、正统完成时期

这个时期包括正统、景泰、天顺三朝。天顺是正统的复辟，都是朱祁镇做皇帝。景泰七年是他弟弟朱祁钰当政。这一时期是明代开国后初步稳定和兴盛时期，国家的财力、物力较前有所丰裕。北京城建中如各城门的瓮城，天、地、日、月等坛，是在这个时期最后完成的，皇宫也进行了大规模的兴建。史书记载说，（明北京都城和皇宫）始建于永乐年，而于正统朝完成。

三殿两宫的建设仍然是这一时期的主要工程，朱祁镇一登基，第一件大政就是这件事，自正统元年（1436）起，一共花了十年的时间。

值得提出的是，金銮宝殿重新建成使用后，封建典章制度第一次遭到了破坏。按照明代制度，“三殿”地区无论上朝或宴会都有严格的封建等级的限制，宦官无资格参加廷宴，至多只能以家奴身份执事而已。但正统皇帝把大权交给了宦官王振，在三殿落成后举行宴会时，王振因为未能参加而大怒，居然闯到三殿，一些官吏都望风伏地而拜。这次事件成为明朝宦官专权的起始，也是明朝转向衰落的重要原因之一。

这一时期由于聚敛较多，朱祁镇把营建重点放在御苑方面。前期修建了玉熙宫、大光明殿，后期则重建了南内（在今南河沿、南池子一带），而南内在嘉靖、万历两朝拆建改建工程频繁。

朱祁镇营建南内是有其政治原因的。正统十四年（1449），他在宦官王振操纵下，仿效他曾祖父朱棣的样子北征瓦剌部族，出动五十多万军队和扈从，以压倒性优势与只有两万多人马的瓦剌交战，但由于王振的极端腐败无能，在土木堡一战竟使明军全军溃败，连皇帝朱祁镇也被瓦剌首领也先所俘虏。当时全国一片震惊，为避也先提出的亡国条件，明政府只好另立朱祁钰做了皇帝，因而使朱祁镇失去了政治价值。瓦剌也先勒索不成，在敲诈了一大笔赎金后，把朱祁镇送还北京，从此，正统皇帝作为"太兄太上皇"被幽禁在南内翔凤殿。到景泰七年（1456），乘朱祁钰患病之机，朱祁镇依靠一批心腹爪牙复辟，夺东华门进宫，再次做了皇帝，从此他便重新营建幽禁时住过的南内。据记载，这座南内离宫非常幽静华丽，亭台殿阁众多，林木繁茂，在重建时又把通惠河（即南河沿河道）圈到红墙之内，筑有一座雕刻精致的飞虹桥，明、清笔记中说石栏上雕刻的水族形象极为生动。这座南内宫苑到明代下半叶，一部分殿阁已改为庙宇，清代的玛哈噶喇庙即是其中一座殿宇，以后渐至荒废，现仅存皇史宬石室（明嘉靖所建）和织女桥这些地名了。

三、嘉靖扩建时期

嘉靖朝是盛明时期，嘉靖皇帝在位达四十五年之久。这一时期商业资本主义有所发展。在北京前三门外已形成繁盛的商业区，京都人口越来越稠密。由于治安上的需要，嘉靖二十三年（1544）加筑外罗城，由于工程浩大只筑成“包京城南面，转抱东、西角楼”。周围二十八里，共七门：永定门、左安门、右安门、广渠门、广宁门（清代改广安门）以及东便门、西便门。并在景山西建一座大高玄殿。

这一时期的重点工程仍然是三大殿。这一时期的火灾次数最多，最大的一次是嘉靖三十六年（1557）的三殿火灾，大火一直延烧到午门和左、右廊，“三殿十五门俱灾”，整个前朝化为瓦砾灰烬。从此陆续重建，到1562年才重新建成。

第二次大火灾是西宫万寿宫，即永乐时期最早建成的西宫。起火原因是嘉靖皇帝喝醉了酒，与他宠幸的宫姬在寝宫的貂帐里放焰火，结果把西宫烧光。当时他的大臣建议他回到大内乾清宫居住，但嘉靖皇帝执意不肯，临时迁到玉熙宫（今国家图书馆分馆），却催促火急重建万寿宫，要在几个月内抢在

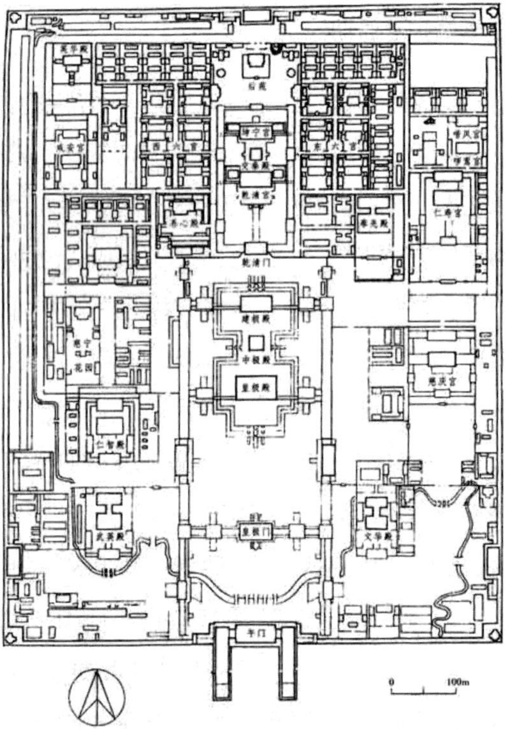
后苑
坤宁宫
西六宫
东六宫
交泰殿
乾清宫
咸安宫
养心殿
奉先殿
仁寿宫
乾清门
建极殿
中极殿
皇极殿
慈宁
花园
慈庆宫
仁智殿
武英殿
皇极门
文华殿
午门
0
100m

紫禁城平面图（嘉靖年间）

三殿之前完工。三殿工程只好停下来。西宫重建之后更加豪华、壮丽，成了一座自成一体的宫殿建筑群。正殿是万寿宫，后寝为寿源宫，东边四宫是万春、万和、万华、万宁，西边四宫为仙禧、仙乐、仙安、仙明。依然是三路纵列，地点大致在现在中海西侧一带。

嘉靖朝所建造的坛庙最多，这位皇帝极为迷信道教。嘉靖的父亲兴献王，封地在湖北钟祥，信道教，著有《含春堂稿》，其中讲太极阴阳五行。北京的道教庙宇大都是在嘉靖朝所建或重建。但其中最大的道庙如大高玄殿、大光明殿、太素殿都遭受过火灾。这真是绝妙的讽刺！三清天尊之流原来也是自身难保！嘉靖皇帝一味迷信道士，为了供养一个陶道士，刻期修庙，大兴土木。明人陈继儒《宝颜堂秘笈》记述明嘉靖重建三殿时说："今日三殿二楼十五门俱灾，其木石砖瓦皆二十年搬运进皇城之物……当时起造宫殿……十万几千人，佐工者何止百万。"看来每一次工程劳动力都要百万以上，其中包括值班军在内，按规定是军三民七之例。技术工匠有轮班匠，由各省抽调，三年一役，一役三月。常住北京的工人叫住坐匠，一个月服役一旬（《明史·职官志》），住坐匠每月发银六钱（《明史·食货志》），还有民夫由全国分派，按田地出夫（《明太祖实录》）。洪武二十六年（1393）开凿一次河道，调民夫六十万。（《国朝列卿纪·严震直传》）此外还有违犯封建法律制度的囚犯供役之法。据《明会典》，囚犯死了还要囚犯家人补役。据《严震直传》，当震直改造各宫，工程指挥李熙由于役徒死了四万，要原户出人补足。明英宗正统二年（1437）有放遣休息的三千七百余人，令刻期使自来赴工，结果有三千人不赴工以示反抗。

明中叶嘉靖时期大兴土木，又由于班军避役不按时到班，要输银一两二钱，雇人代替称为包工，因而官书里又有输班之名，明代雇工之例自此始。（《明世宗实录》）这是明代末年到清代初年出现包工官木厂之先声，也是资本主义商业在建筑领域里的滥觞。

嘉靖皇帝大约有二十余年不住紫禁城大内，而执意住在西宫，并大肆修造御苑，这是有政治背景的。嘉靖二十一年（1542）紫禁城发生了一次重要的宫廷事件，当时宫女们不堪忍受嘉靖皇帝的昏庸暴虐，杨金英等十六位宫婢乘嘉靖在乾清宫酒醉昏睡的时候，决心将他勒死。由于宫女气力薄弱，系的丝带不是死扣，嘉靖竟没有死，被赶来的皇后救活了。嘉靖大为震怒，在宫内开始了狂虐的屠杀，含冤致死者一百多人。据《万历野获编》载，嘉靖整日担惊受怕，不敢住大内，只好住在西宫，并乞灵于道教“斋醮无虚日”。

四、明末衰落时期

从万历朝到明亡，经嘉（靖）、隆（庆）、万（历），盛世而衰的迹象越加明显。官僚集团的腐朽、宦官外戚的干政、东北满族的兴起，各地农民起义蜂起不断——这些都造成了明朝岌岌可危的局势。明政府仍然进行无穷尽的横征暴敛，却已无力再进行大规模的兴建了。万历二十五年（1597）三殿又发生了一次火灾，万历四十三年（1615）才开始兴建，直到天启七年（1627）才完成。万历、天启重建的三大殿体量较永乐初建时似偏低，与三台高度有不协调之感，从现存的明初旧构太庙殿与三台的比例一望可知，这或是万历、天启时人力、物力不济所致。巨大木材不易得是其关键，再一个可能是清代康熙初年兴建太和殿，营建成现在的体量，从此更是每况愈下，只能进行小规模的维修了。像主要建筑——琼华岛上的广寒殿，在万历七年倒坍之后，再也无力重建了（现在的白塔是清顺治朝所建）。嘉靖所建的西宫也已荒芜，有的殿堂倒坍后只余房基。又如西宫的大光明殿和南内的延禧宫烧毁后也再没有重建，甚至南内飞虹桥石栏已坏，虽经补刻也终不及原来之精巧。

第六节　关于三大殿的几次重建

三大殿是紫禁城中最重要的建筑，其设计、施工以至建材都是无与伦比的。永乐十八年（1420）建成后，相隔九个月便被一场大火烧光，到正统六年（1441）重新建成，尔后又在嘉靖三十六年（1557）、万历二十五年（1597）连续经历了两次火灾。其后重建，每次都要动用全国财力、人力，似乎老天成心和天子为难，每次火灾都是由于雷电引起，盖当日无避雷针的科学知识，及中国建筑又是木结构之因。三大殿是一组建筑，一失火便延烧无遗，甚至顺廊房一直烧到午门，无论皇帝怎样“修省”，也无济于事。今天看来，这是由于高大建筑缺乏避雷装置和消防设备所致。从记载中可以查到三殿有过如下几次重建：

1. 永乐十八年（1420）三殿成，十九年四月三殿火灾。

2. 正统六年（1441）十一月三殿建成（按从被火灾到建成为二十年）。

3. 嘉靖三十六年（1557）四月十三日，三殿又灾。延烧奉天门，左、右顺门，午门外左、右廊。次年门工先成，改奉天门曰大朝门。四十一年（1562）重建三殿成，改各殿名皇极、中极、建极（按从火灾至建成五年）。

4. 万历二十五年（1597）三殿又灾。四十三年（1615）重建。天启五年九月（1625）皇极殿门工先成，六年（1626）皇极殿成，七年（1627）八月中极、建极二殿成（按从火灾到最后建成为三十年）。

（以上据《明史·本纪》）

5. 顺治二年（1645）五月兴太和殿、中和殿、位育宫（即保和殿，明末一度改称位育宫）工，三年（1646）十月，太和、中和等殿，体仁等阁，太和等门工成。十一月位育宫工成。

6. 康熙八年（1669）敕建太和殿，南北五楹、东西广十一楹、殿基高二丈、殿高十一丈。殿前丹陛五出，环以石栏。龙墀三层，下一层二十三级，中上二层各九级。

7. 康熙三十七年（1698）重建太和殿。

8. 乾隆三十年（1765）重修太和、中和、保和三殿。

（以上据《东华录》）

根据以上记载，明代除第一次是创建，其他三次全是重建。而清代的四次营建中只有康熙三十七年（1698）明确提出“重建太和殿”，以后均是维修。从新中国成立后维修故宫建筑观察所得，清代重建须弥座是明代之旧基，大殿与基座相比则显示不匀称。现在的太庙建筑殿与基座匀称合理。

1644年在明末清初是个重要的年份。这一年是甲申年，李自成的起义军推翻了明朝统治，大顺朝仅成立四十天就被满族建立的清朝所取代。奇怪的是李自成的登基、清摄政王多尔衮的执政都没有在金銮宝殿，而是在武英殿举行。清政府在北京成立是顺治二年，当年的大事之一就是“兴太和殿、中和殿、位育宫工”，工程前后进行了一年半左右。根据这种情况判断，三殿在甲申这年势必有所破坏和损伤，但不会是全部毁坏。顺治二年至三年期间，全国各地抗清斗争非常激烈，清朝刚刚入关，不可能用很大人力和财力进行浩大的工程，也不可能在一年半的时间内对三殿进行拆旧建新，充其量不过是一次较大的维缮。

清康熙八年（1669）和三十七年（1698）营建太和殿时，已经处于清政权稳定时期，对象征皇权的三殿则根据满族统治者的政治需要进行改建。以明代宫殿图和现存建筑对照，三殿的改变并不大。如前所述，把平廊改为夹室，把斜廊改为隔墙，从斗拱看似较明代为精致。康熙朝的敕建和重建应属于重大改建或翻建，而乾隆朝则是一次较大的维修。只有太和门在清末光绪二十四年（1898）载湉举行大婚前被火烧毁。由于当时婚期已定，按照清代制度，皇后必须经由前朝太和门进宫（按西太后原系由秀女选拔出身，她最初进宫无资格从朝门进入），清政府下令由北京棚匠（扎彩工人）连夜搭成一座逼真的太和门，转年再重建，所以现存的太和门是故宫最晚落成的一座建筑。

三殿每失一次火都是当时全国性的灾难。永乐十九年（1421）三殿火灾后，到正统五年（1440）才重新兴建。《明英宗实录》载：

> 正统五年三月建奉天、华盖、谨身三殿，乾清、坤宁二宫。发现役工匠、操练官军七万人兴宫，六年九月三殿两宫成。

从施工看时限为一年，但清理和备料却是二十年间的事。《见闻录》载：

> 永乐十九年辛丑，自三殿灾迟之二十一年至正统六年辛酉工方完。仁宗、宣宗、英宗三朝即位时皆未有殿。今日三殿二楼十五门俱灾，其木石砖瓦皆二十年搬运进皇城之物……

明嘉靖朝是火灾最多的时期，除三殿于三十六年（1557）

四月起火外，各处宫殿前后烧毁达十几处。由于大兴土木弄得“山林空竭，所在灾伤”。嘉靖三十六年火灾，只清理火场就用了三万名军工。四十年（1561），他所居住的西宫起大火，为了催建永寿宫，大学士徐阶只好动用建三殿的余材。嘉靖在位四十五年营建无虚日，工部员外郎刘魁为了进谏，先叫家里准备好棺木，然后上奏折：“一役之费动至亿万，土木衣文绣，匠作班朱紫……国内已耗民力已竭，而复为此不经无益之事，非所以示天下后世。”于是触怒了嘉靖，把刘魁廷杖之后，又诏狱监禁。

万历二十五年（1597）的三殿火灾相当严重。六月戊寅，火起归极门，延至皇极、建极三殿，文昭、武成二阁，周围廊房一时俱烬。

> 时帝锐意聚财，多假殿工为名。言者谓：“天以民困之故，灾三殿以示儆。奈何因天灾以困民？”帝不纳，屡征木于川、广，令输京师，费数百万。卒被中官（即太监）冒没（即贪污）。终帝世，三殿实未尝复建也。（《历代通鉴辑览》）

三殿工程在万历朝成为横征暴敛的象征。火灾后三十年到天启七年（1627）才完成。原来说被太监贪污几百万两银子，那么工程本身耗费又是多少？《春明梦余录》说：“（天启）七年八月初二日三殿工成，共用银五百九十五万七千五百十九两余。”但《明史·食货志》载：“三殿工兴，采楠杉诸木于湖广、四川、贵州，费银九百三十余万两，征诸民间。”看来这笔消耗无法统计，因为军工并不出钱，而采集木材又是征之于民间。即便如此，若单以采木的九百多万两来算，也相当于当时八百多万贫苦农民一年的生活费。万历间重建两宫主工事者为一贺姓者，因中官诬陷而免官，其子为其父鸣冤，著有《两宫鼎建记》一书，记载甚详。

第七节　清代改变对称格局

明永乐初兴建北京宫殿，其整体规划布局由于没有蓝图留存，因此我们只是在实录、会典各书中得知大概，而上述各书所记也是重于三殿两宫和东西六宫。多年来我们曾对多种文献，包括官修书和私人笔记进行研究，得出修建这些宫殿主要是在明嘉靖、万历两朝。这两朝皇帝在位日久，建筑活动较繁，如嘉靖时重建三殿、万历时重建两宫，都是中轴线地区工程中之大者，因为中轴线宫殿都是象征政权的建筑。

至于中轴线以外东西两路变动实多，无永乐时代的原样可

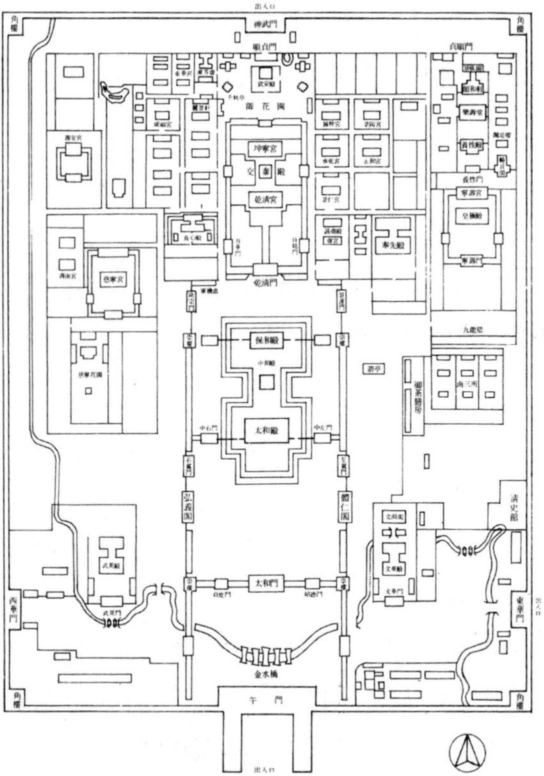
出入口
神武門
角樓
順貞門
貞順門
欽安殿
御花園
坤寧宮
交泰殿
乾清宮
乾清門
慈寧宮
慈寧花園
壽安宮
保和殿
中和殿
太和殿
中右門
中左門
弘義閣
體仁閣
太和門
金水橋
午門
西華門
東華門
武英殿
武英門
文淵閣
文華殿
文華門
清史館
南三所
御茶膳房
九龍壁
箭亭
奉先殿
寧壽宮
皇極殿
寧壽門
養性門
養性殿
樂壽堂
出入口

清代紫禁城平面图

以参比，且明代北京皇宫建筑群也不是永乐一朝建设完备，明代实录中记载正统年间还在经营。今日考订明代宫殿全部布局留给清王朝者，实际是明末万历、天启的格局。我们研讨明清皇宫建筑之变化，亦只能以这个时期状况来对比，因此有《明代宫苑考》资料和纸上作业的复原图。

清代继续使用明代宫殿，在中轴线上的建筑，其位置布局一如明代中后期一样，都是重建复原。在个别殿堂的外形上，虽有改作，但位置布局则均未变。在本文中所谈的变化是指具有改变中国传统的左右对称格局和削弱艺术性的变动，即习称的外东路、外西路的变化，详见《明代宫苑考》稿中。

我国建筑多由多座单体建筑组合成为建筑群，庄严的殿堂群习惯上是左右对称，而花园性质的建筑则采用左右均衡的手法，以表现园林的灵活艺术性。如故宫外朝、内廷宫殿都严肃地保持对称，三大殿左右有造型相同的文楼、武楼和相对的门廊，名称也采用相对的，如左翼门、右翼门，中左门、中右门等。内廷也是一样，如两宫左右对称、连檐通脊的朝房，有懋勤殿、端凝殿，日精门、月华门，龙光门、凤彩门等。东西六宫同样左右对称。屋面形式也严守相同规格，这都能在平面图上表现出来。

通过东西六宫之后，有乾东五所、乾西五所，这就是老百姓习称的三宫六院。清朝将养心殿比连西六宫，为了游幸的方便，改翊坤宫和储秀门为穿堂殿。东六宫的钟粹门则加盖垂花门，这都是清代皇帝对于明代建筑传统的无知，只图自己生活上的便利而出现的现象。

在明代修建之初，东西五所是皇子皇孙居住之处，与东西六宫居住妃嫔相同。所以乾东五所大门额题千婴门，而西五所题百子门。清代乾隆皇帝在为皇子时，曾居住西五所的头二所，继承了宝座后为防止子孙产生觊觎大宝之心，不愿子孙再居此所，因此改头二所为重华宫、崇敬殿，为其憩游之地，西四五所改为西花园，遂将东西五所左右对称之格局破坏。

在造型艺术方面，将太和殿、保和殿的左右斜廊改为斜墙，太和殿左右朝房后檐改为封护檐，这是清代康熙年间的事。清代工部黄册记载，在康熙十一年（1672）还有修理斜廊工程，康熙十八年（1679）太和殿为火所烧，康熙三十四年（1695）修斜廊时才改成斜墙，将廊庑相貌由玲珑秀丽的造型变为呆板的山墙，艺术性因之减色。但它的好处是可以防止火灾连成一片，明代几次大火都是周围廊庑一时俱焚。太和殿原为九间，廊子改成山墙，东西尽头各多一小间，清代谓之夹室，见于《清通礼》。

第二章　营建制度

第一节　明代的买办制度

明嘉靖朝以前，一般都是派官员直接往产地派民工伐木、烧砖以及采购各种建材，并派出大批随员、军士、锦衣卫督工。《明会典》记，正德九年（1514）重建乾清、坤宁二宫，起用军校力士十万，差工部侍郎一员、郎中等官四员，奉敕会同各该镇巡官督属采木、烧砖。这种由皇家直接经营的备料，不仅动用大批人力，而且财政支出浩大。更重要的是由于侵扰百姓，造成逃亡事件，甚至激起暴乱。嘉靖以后开始施行收购买办制度，以银二万两发江南而鹰平（木）至，以银二万两发苏州而金砖至，以银二万两发徐州而花斑石至，未尝添注一官，后来又改在北京附近许可商人开窑烧制砖瓦，并许可商人运木到北京，由政府收购收税。这是明中叶以后政府财政匮乏而采取的措施，但也反映了商业资本主义的兴起。

商人对封建统治阶级的依附性表现为：商人对太监行贿找靠山，同时因必须向工部领取执照，又受工部官员挟持。有一次两宫营建需用铜料二十一万斤，显然是冒报，官员明知丁字库铜积如山，可是不向太监行贿就无法领料，于是想出一个办法，向商人限期限价勒令采购二火黄铜二十一万斤。铜商估计去南方采购不仅会赔钱，而且时间也来不及，只好向工部哀求。官员就叫铜商向管丁字库的太监行贿，太监提出要二百两银子的干礼，铜商估计要比采购赔的钱少，只好忍痛行贿，太监这才给工部官员铜料。从这件事也可以看出太监、官僚、商人的勾结和矛盾。一般商人处在被敲诈的地位，但领取执照的商人有太监为靠山，以皇商名义不仅夹带私货，偷税漏税，而且假借皇木，勾结地方官勒派百姓进行侵扰。尽管他们之间有矛盾，但在牟取私利这一点上都是一致的。

在《万历野获编》中，有这样一段记载可以旁证："天家营建，比民间加数百倍。曾闻乾清宫窗隔一扇稍损欲修，估价至五千金，而内珰犹未满志也。盖内府之侵削，部吏之扣除，与夫匠头之冒破（虚报冒领），及至实充经费，所余亦无多矣。余幼时曾游城外一花园，壮丽轩敞侔于勋戚，管园苍头及司洒扫者至数十人，问之乃车头洪仁别业（墅）也。（洪）本推挽长夫（工头），不十年即至此。又一日于郊外遇一人坐四人围轿，前驱呵叱甚厉，窥其帏中一少年，戴忠靖冠、披斗牛衣，旁观者指曰：此洪仁长子，新入赀为监生，以拜司工内珰为父，故妆饰如此。”

第二节 清代的算房

明清两朝修建宫殿、门舍、墙垣，必先委官督匠度量材料，然后兴工。明代内府及在外各项大工多由内官估算，事见《明会典》，明代内官实际即为宦官掌权。

在清代，凡修建坛庙宫殿，在工部衙门职官中设有营缮司，其下有料估所，亦载在《清会典》中，料估所即习称为算房。按王朝工程事务例应由国家机构工部主之。而明清两代工程估算报销，则须有内府参与其间。清代规定，凡营缮完皆由工部及内务府奏请领以大臣，董以司属先之估计以受其值，以会其成（《历代职官表》）。

清代改内府为内务府，其大臣均由满族大员任之。遇有大工，特设总理工程事务处，一般由御前大臣、内务府大臣主其事，此点与明代专任宦官有别，如清代著名权臣和珅在乾隆朝主管其事多年。内务府所属机构与国家政府职掌相对，如营造司即工部之营缮司，其下属有销算房，亦即工部之料估所，世称算房者盖指于此。有清一代，世守其职者有算房刘姓、梁姓二家为著名。

第三节　备料和施工

一、采木

中国古建筑的特色是木结构，营建宫殿的首要措施便是采木。永乐四年（1406）朱棣下令建筑北京宫殿后，立即派遣政府各部官员，以监督采运木材身份分赴盛产木材各省，抓采运事务。从备料的阵容来看，可以说是全国性的动员。

工部尚书宋礼——四川，刑部右侍郎金纯、吏部右侍郎师逵——湖广，户部左侍郎古朴——江西，右付都御史刘观——浙江，右佥都御史仲成——山西，江西参议柴车——福建。

这些官员是中央六部及都察院一级的首要成员，到了地方上则要凌驾于布政和按察二司（地方行政，司法负责官员）甚至巡抚之上，而且这种采木督官本身就是“钦差大臣”，有权驱使所至省份的民力。《明资政大夫工部尚书宋公墓铭》有一段记载：

时议建北京，公承奉旨取材川蜀。既至，饬有司，率更民，历溪谷险峻之地，凡材之美者，悉伐而取之。由是，楠、杉、桧之属，出峡，道江汉、涉淮泗，以输于北者，先后相属。

从这段记载中，可以看出三个问题：

1. 所谓“更民”，即更戍之民，也就是摊派出差的民夫，这种民夫是强征的，不给报酬。

2. 所谓“美材”，就是合乎标准的大木材①，“悉伐而取之”也就是滥伐。

3. 运输非常艰苦，好的木材都生在“险峻之地”，不消说要披荆斩棘，先开出路来，还要运到水源河道流放，顺长江转运到淮河，再顺运河或者出海运到塘沽，转运到北京。

被强征的穷苦百姓人数没有具体记载，但其他文字却可以证明。《明史·师逵传》中说：“永乐四年建北京宫殿，分遣大臣出采木，逵往湖、湘，以十万众入山辟道路……”仅一个地区中修道路的人役达十万之多，那么全国伐木的民夫当不下几十万人。这些民夫冒着虫、兽、瘴、疫侵袭，自带干粮辗转在丛林荆棘，劳动艰苦自不待说，而且还要遭受监工责打。永

---

① 关于木材等级，按长短及围长决定，围长一尺以上为六等，二尺以上为五等，由此类推，即四尺以上为头等，五尺以上为神木。

乐六年，工部侍郎夏原专督运木材，“诏以锦衣官校从治怠事者”。明代锦衣卫是最高的执刑机构，其职务本来是逮捕和刑讯官僚的，以残酷著称，用这样的鹰犬对付百姓，其暴虐可想而知。

在采木过程中有两个地区因故暂停了。一是永乐五年，由于山西旱灾暂停采木。另一是永乐七年，湖南发生李法良率领的伐木工人暴动。“吏部右侍郎师逵采木湖广严急，激李法良之叛。”（《国榷》）《明史》中也记载，师逵“颇严刻，民不堪，多从李法良为乱”，寥寥数语证实确是由于残暴奴役百姓所激起。关于采木工程之艰苦，有人写过一篇名叫《皇木》的文章，描绘了采木地区山川险恶和行途困苦之状，高山峻谷中不仅有毒蛇猛兽出没，还有官吏对人民的压迫，劳动人民多有感染山岚嶂气、饥饿流离的情况。这样的艰辛劳动在当日都是无偿的，而在验收木材时，如被认为不合格，采木者就得卖子女偿还，甚至父债子还，所以在文中还记述了卖妻卖子的情况。那些合格的木料要运到北京，在转运水陆途中，劳动者饿死的、落水丧生的又不知其数，文中还有其他转运途中死亡情况。在明末万历年间，有一个叫吕坤的大官，曾上书朱翊钧，关于“采木”条中说：

丈八之围，非百年之物，深山穷谷，蛇虎杂居，毒雾常多，人烟绝少，寒暑饥渴瘴疠死者无论矣。乃一木初卧，千夫难移，倘遇艰阻，必成伤殒。蜀人语曰："入山一千，出山五百"，哀可知也。

供役劳动者由于经受不住这样残酷的折磨，铤而走险，奋起反抗是必然的趋势。关于李法良率伐木工人暴动的记载不多，但从当时其他记载看，这次暴动的影响是相当大的。

李法良暴动是在永乐七年（1409），当时正值朱棣北征瓦剌，由皇太子朱高炽在南京监国。南京一批朝臣感到惊慌，于是弹劾师逵"激李法良之变"。朱高炽认为是他父亲所特派的大臣，并没有追究，只好下令停止采木，而且连运输也停了，同年还"罢四川采木军民各还家"，去四川监督采木的宋礼也回到京师。看来，永乐七年在湖湘、四川暂停采木，重要原因是在政治方面。朱棣转年即回南京坐镇，可以断定，湖南李法良的伐木工人暴动不无影响。

这些地区的采木虽然暂停，但备料、运输工程并未停止。永乐九年（1411）浚通惠河（北京至通州一段），除漕运外也是为了运输木材。照得大木运京，非四五年不可，从山区放排，顺长江编筏而下，经淮河转到运河。有的出海经海运到塘沽，难免遇到风险而漂没。有的通过运河而至通州，也难免遭到淤沙而搁浅，仅从通州到北京这一段通惠河道中，到嘉靖朝尚湮没一百五十根大型楠木在两岸沙苇中。

在永乐十四年（1416），朱棣最后一次回南京，他授意召集一次会议。群臣议奏道：“北京至上龙兴之地……比年车驾巡狩，四海会同，人心协和，漕运日广，商贾辐辏，财货充盈。良材巨木，已集京师……伏乞上顺天心，下从民望，早敕有司兴工营建……”说明建筑材料已经备齐。当时所采木料都集中在北京东郊神木厂，其后历朝所采的木材都在那里堆放。这木厂为皇朝建筑服务，故又称皇木厂，是储存木料的地方。有文献载，万历十五年清查存木，尚有七千多根，当日曾做了估价，巨材每根值四五千金，其次的每根一二千金，所存木料总值一千四百多万两，从川、贵地区运费尚不计算在内，这些木料却在风雨中弃置。（《宝颜堂秘笈》）据说到清末仍有一棵巨木横卧，有人骑马经过时，对面看不到人。这棵神木由于不便剖开（可能有空心）使用，而被作为陈列品存放了。不难想象在当时的运输条件下，从川、广一带深山运到北京，该付出多么艰巨的劳动。

永乐、正统时期，无论采木还是烧砖都是由政府派遣官员营办。例如《明会典》记：正德九年重建乾清、坤宁二宫，起用军校力士十万，差工部侍郎一员、郎中等官四员，奉敕会同各该镇巡官督属采木、烧砖。嘉靖时期表面上也是官办，但实际上已开始是官督商办。如上，“鹰架木”“桧木”等条都有在通惠河设税卡、管河郎中的记载，木商运京时，“抽分”机构抽税，木材围圆在一尺（直径三寸半左右）以上就要上税。这样一来，皇家营建采用了商业经营的手段以谋利，也说明明中叶以后木材需量之大之急，单靠官家伐运已不敷用。

> 照得楠杉大木，产在川贵湖广等处，差官采办，非四五年不得到京，工兴在即，用木为急，其南京等处或有大木，咨行火急查报。现贮湾厂、神木厂者，敕内官监提督会同部官，将现在木植计算数目，先尽乾清宫、坤宁宫，次配殿、宫门均匀搭配，务必足用。其斗、梢装修等项，只以顽头标皮，并截下半段等木凑用，不许混开于大木之内，以图侵冒。然各厂大木不多，一时取用殆尽，后一不继，何以区处？查照先年土农进木加级事例，通行川贵湖广等处抚按，谕令如宣慰等农，采木恭进，照例加级赏赉。其土夷巨商力能采买者，彼处抚按即以本部料银并赃罚等银，从厚给值……（《两宫鼎建记》）

由于营建需用，只好动员“土夷”“巨商”，开始限于就地采买，后来则渐渐运京后抽税购买。相比直接征用民夫，这就避免了伐运工人反抗和暴动，但又产生了另外的弊端，商人和官僚、太监勾结，以进奉皇木为名，大批夹带木材运至北京一带销售。一时贿赂公行，侵吞假冒充斥。例如：

> 两宫初兴，钻刺请记，蚁聚蜂屯……徽州府木商王天俊等千人，广挟金钱，依托势要，钻求札付，买木十六万根。勿论夹带私木不知几千万根，即此十六万根木，逃税三万二千余两银，亏国课五六万两……天俊等极力钻求，内倚东厂，外倚政案。

这些木商由于宦官和贪官污吏的支持，甚至敢冒“奉旨”名义，骚扰州县，派夫拽筏，冲撞民船。官府则变本加厉地横征暴敛，造成了全国性灾害。

嘉靖初，礼部给事中（负责纠察的官员）张翀上疏说法，“两宫营建，采运艰辛，或一木而役夫万千，或一椽而废财十百。死亡枕藉之状，呻吟号叹之声，陛下不得而见闻”。连封建统治阶级内部都这样描述，则实际情况要严重得多了。

二、采石与运输

我们参观故宫时可以看到，宫殿建筑除木结构以及门窗、装饰外，用石料的比重相当大[①]，包括基础的条石、须弥座、柱础、台阶、石栏、甬路等，其中最大的是保和殿后的一块云龙阶石，长十六点五米、宽三米、厚一点七米，用一块汉白玉雕成，重达二百多吨。

明代营建北京宫殿所需石料有汉白玉石、青石、花岗石、花斑石[②]。其中主要品种为汉白玉石，色调浑白，质地均匀，裂纹很少，而且体积较大，是石雕的好材料，产地为北京房山的大石窝和涿州的马鞍山。由于采集量大，明朝政府在这里驻有工部及御史衙门官员，专门监督采运。

开采石料是艰巨的劳动。选择好开采地点以后，先要剥离表土，再挖出砾石、砂层，要清除几层至十几层的乱石。一般良材都埋藏较深，开采后从地下翻出。

① 《万历野获编》卷二十四，本期陵寝用石最多，及正德、嘉靖两朝再建三殿两宫，其取石更繁。倘凿之他方即倾国家物力亦不能办。乃近京城数十里名三山大石窝者，专产白石。滢澈无瑕，俗称之白御石。顷年三殿灾后，曾见辇石入都，供柱础用者，俱高广数丈……

② 花斑石产于徐州，凿成大型方砖形状，铺殿堂地面，经运河运京。

照得大石料大者，折方八九十丈，次者亦不下四五十丈。翻交出塘、上车，非万人不可。合无咨行兵部，将大石窝除现在一千八百名外，再添六千二百名，马鞍山现在七百名外，再添三百名应用。但冬至后班军回卫营军住操，此时天干地冻，正宜趁时发运，合无一面行管山主事多方雇夫；一面咨该部从长议处，务令军心悦趋，常川应役。（《两宫鼎建记》）

特大石料——类似云龙阶石那样，翻塘上车需要一万个军工，工程之大可见一斑。不仅要把石料就地加工成粗料，还要把石料剥离地点到装车地点开凿成一个大斜坡，垫以滚木，用撬杠、人拽，一寸一寸地移动。这种特大石料的运载工具叫作“旱船”，由巨大的方木联结成木排，架在两排方木上面，其使用多在冬季，严寒季节在路面泼水结冰，用人力和畜力拉拽。从房山到北京一路，直到现在水井较多，就是明清两代遗留下来的。《两宫鼎建记》载：“三殿中道阶级大石，长三丈、阔一丈、厚三尺。派顺天府等民夫二万，造旱船拽运。派同知、州判、县佐贰督率之。每里掘一井，以浇旱船、资渴饮，计二十八日到京，官民费计银十一万两有余。”按前面所记，如果再加上军工，则运这块巨石所动用的人力达两万六七千人。房山到北京的距离以一百五十里计，运了近一个月，每天行程约五六里，可见运输艰苦。

至于一般中小石料，靠畜力车辆运输。有十六轮、八轮、四轮及两轮之分。建两宫大石，御史刘景晨亦有佥用五城人夫之议。公用主事郭知易议：造十六轮大车、用骡一千八百头拽运，计二十二日到京。这一千八百头骡子当不会只拉一辆十六轮大车，如以九套畜力拽运，估计为二百辆，但以二十二日行程计，那么每天进度比人力拉运所差无几。

由于运输频繁而且艰巨，官府还动员大批劳力修路：

> 照得大石窝子、街中道等石，有一块重至十五、六万斤者，有十余万斤者，开运一块费银千余。道路洼陷不平，损车坏石，势所必至。合无行令顺天抚按，督责该地方司道州县官，多方设处，务期修垫如法，坚阔平坦，以便车行。如或虚应故事，致损车石，除州县正官分别参处、巡捕官拿究外，仍责令该州县赔补原石。（《两宫鼎建记》）

顺天府（所属北京周围各州县）的百姓不但要出工修路，而且还要担负因事故而损坏车石的赔偿责任。这一带百姓为运石而支付的人力和财力可想而知。

至于一般小型石料的运输，起初雇用在官车户，即专门承包运输的车户。嘉靖初在官车户仅仅九家，即使户破家置买车骡亦不敷用。后来实行官造车辆，募集殷实富户领车并提供骡马，按日按头给运费。车子按一百两纹银计值，每年扣除领车户二十两，五年后车子归车户。从这种计算来看，得利者是官府和殷实富户，官府所扣除的钱当然从每日每骡的工钱里计算，等于白白使用，而殷实富户五年后又可白白得到一辆车子，但艰苦的劳动却转嫁给富户的长工、佃户身上，受苦难的依然是劳动人民。

三、砖和瓦

皇宫用砖与各王府、皇陵、北京城墙以至修建长城所用的砖，主要来自南方各省。北京城墙已于1958年拆除，从《明史》等书和已发现的旧砖戳记来看，这些砖主要来自河北、山东、江苏、安徽、江西、湖南各省，而主要省份为山东、河北和江苏。嘉靖十一年御史郭弘化在奏本中提到“臣闻四川、湖广、贵州、江西、浙江、山西及真定诸府之采木者劳苦万状，应天、苏、松、常、镇五府方有造砖之役，民间耗费不赀，窑户逃亡过半”。由此可知直到明代中叶，江苏主要府县仍然为供应皇宫营建而烧砖。

明初营建凤阳和南京，已知供砖的府县有：

淮安府：安东、海州、赣榆。

扬州府：江都、仪真、泰兴、高邮州、兴化、海门、六合。

镇江府：丹徒、丹阳、金坛。

安庆府：怀安、桐城、潜山、太湖。

宁国府：宣城。

南昌府：南昌、新建、进贤、奉新、武宁。

九江府：瑞昌。

广信府：铅山、永丰。

旧砖戳记

建昌府：南城。

抚州府：临川。

吉安府：庐陵、吉水、安福、万安、永宁。

临江府：清江、新喻。

袁州府：宜春。

赣州府：赣县、会昌。

衡州府：常宁。

（以上引自《中都考》）

营建北京时除应用南方诸窑外，还在山东临清和顺天府的昌平州、通州、涿州、房山等县开窑烧砖。由于砖窑散在南北各省，运输到北京就成了大问题。但明代把运砖和漕运结合起来，官府规定，凡属运粮船必须搭运三十块砖，否则不准放行和通过关卡。这种砖在尺寸、质量、重量等规格上都有严格规定，每块重四十八斤，那么三十块约合一千四百四十斤。这对每条运粮船都是不大不小的负担。

明中叶以后，山东临清所产的砖成为建筑皇宫的主要用材，称临清砖。清缪荃孙在《云自在龛随笔》中载："考故明各宫殿，九层基质、墙垣俱用临清砖。"这种砖坚实细密，用黄河、运河冲激的细澄泥所烧制，适于磨砖对缝，而且不易剥蚀。另外，临清靠近运河，运输也比较方便。

这种大型城砖只能用于皇宫、城墙、王府、庙宇，平民是绝对禁止使用的。砖上打有产地戳记，有的还有某某陵寝、庙宇专用字样，这种用于祭祀建筑的砖不能用于宫殿。有可能出自宫廷的忌讳——活人所用的东西必须与死人所用区别开来；也可能出自刻期修建陵寝、庙宇而使砖石之类建材得到运输和使用上的保证。

铺地所用的方砖，早期系从苏州烧制，称为苏州砖。这种砖质细致，不仅耐磨，而且不易断裂，适于雕刻。中南海新华门八字影壁雕砖，经过几百年的岁月仍然未受风化剥离，说明这种砖经受住了时间的考验。有的宫殿铺地方砖至今油光黑亮，一经擦拭整洁如新，那是经过桐油浸泡加工制成的。这些

新华门八字影壁

建筑材料都可以证明当时苏州制砖的水平。

《两宫鼎建记》载："查得苏州方砖，在厂现贮者一万余个，似不敷用。合无预行彼处抚按，选委廉干府佐官员管理，务要坚莹透熟，广狭中度，其应用料值，夫匠工食、装运舡价，并于赃罚料银等项处办，且文申部以凭查考……"如得到方砖"间有色红泥粗不中旧式，该管理以侵渔重究"。

这里所说贮存方砖的"厂"就在北京鼓楼大街路东，方砖厂之名一直存在到今天。在方砖中还有一种大型呈暗红色的，是特意为皇陵烧制的"金砖"，约一米见方，我们今天在定陵地下宫殿所看到的就是这种，不仅体积大而且坚实异常，五百余年仍然无损。这固然与长期密闭的环境有关，但也说明当时造砖工艺的高水平。明代历朝皇帝都在登基后就经营自己的坟墓，这位万历皇帝在位四十七年，他曾亲自审察这座陵寝的设计和施工，所以定陵工程特别讲究。

除临清砖和苏州砖外，明中叶后北京附近也逐渐大量生产方砖，南方各窑由于运输原因，无法满足浩大工程的需要。尤其是劳动匠役无法忍受残酷苦役，窑户逃亡过半，对皇宫营建就产生了重大威胁。因此逐渐形成一种"买办收购"的方式，即官督民办，由民间造窑烧砖，官府查验收购并征收税金，这样就促进了资本主义性质的商品生产。嘉靖朝以后不独制砖，即在采木方面也是如此。这是明中叶出现资本主义萌芽的一个写照。由于这个原因，北京附近的砖窑便纷纷发展起来，产地为通州、昌平、涿州、房山良乡等地，以通州张家湾所产质量较好，数量也较多。张家湾是北运河和通惠河交叉之地，这一带泥土经河水冲击，无须再经淘制，尤其是在通惠河尚未淤浅时，水运比较便利，由此形成砖窑发展的有利条件。

由于砖瓦需要数量大、运费省，因而窑户获利多。一些经营的官员或工部官僚便投资开窑，或由他们接受贿赂做后台而分利。这些人经常是身兼官府和窑户两方，故偷税、漏税、贪污、中饱、假冒以至侵吞兼而有之，由此也产生了宦官和官僚之间的矛盾。

明代征收窑税的机构是工部屯田司，主事差管通积局、广积局，各设抽分（收税）大吏一员、攒典一名（稽核检查）、巡运十五名（税丁）。每年这批税吏、税丁的薪俸是一百三十余石粮，但所收税银多则七八十两，少则五六十两，连这批收税人员的开支都无法维持。当时工部官员准备查税，遭到宦官反对，尔后查明，从中作梗的宦官有一个叫王明，本身就是拥有三十座砖窑的大窑户。工部官员为了对付这个宦官，想出一个主意，他们声称我们管不了宦官王明，但管得了窑户王明。于是在街头贴出告示，“严谕巡军、官民人等，敢有买贩王明砖瓦者，以漏税论。官吏军余卖放者，许诸色人等讦告，即以漏出砖瓦充赏”，结果王明三十多座窑的砖瓦一块也无法售出，只好报税。其他权势人物也闻风报税，结果一季所收税银就超过了二十万两白银。（《两宫鼎建记》）官僚和宦官的这场矛盾反映出明中叶宦官政治的黑暗，也说明当时营造制度达到何等腐败的地步。

四、琉璃瓦和其他琉璃制品

北京城内有两处以窑作为街道名的地方，即琉璃厂和黑窑厂，这两处地方就是由于烧制琉璃瓦和黑青砖琉璃制品而得名的。明初的琉璃厂属近郊，原叫海王村，是从辽金时代形成的村落，烧制黄、绿诸色琉璃瓦的窑址就在海王村迤西，原北京师范大学旧址的水塔上面还镶嵌着“琉璃窑”三个字，就是当初的窑址。

黑窑厂在陶然亭，窑址就在现在的窑台附近，清代仍然在这座窑烧制黑琉璃瓦，康熙朝工部郎中江藻就常驻在这里，陶然亭就是由他命名和题字的。在旧社会，陶然亭的一些积水坑就是明清两代烧瓦取土的窑坑。

琉璃制品中的琉璃瓦是大宗，有黄、绿、蓝、紫、黑各色。在建筑上有严格的等级规定：皇宫各宫殿、宫廷庙宇、坛

窑台

吻兽瓦件

庙、帝王庙、孔庙用黄色；亲王府第用绿色；郡王用灰瓦镶绿琉璃瓦檐。嘉靖朝以前由于文华殿是太子读书的地方，所以用绿琉璃瓦，到嘉靖朝改为黄瓦。其他颜色则用于庙宇，如北海天王殿、东四隆福寺正殿都用黑色。

除琉璃瓦外，还有脊兽、鸱尾、脊瓦、九龙壁上镶嵌的各色琉璃图像以及其他琉璃装饰等，琉璃制品用于建筑形成中国古典建筑艺术的独特风格。但这种琉璃砖瓦只限用于皇宫以及皇家敕建的庙宇，一般官僚以及平民是不准使用的，因此也可称为宫廷建筑艺术品。由于宫廷建筑的需要，陶制琉璃建筑器件便被皇家所攫取和垄断，而生产这些琉璃制品的窑一律是官窑。

北京的琉璃窑除征调工匠外，还调用了大批军工，旧例“锦衣卫拨军一千名……内拨七百名赴琉璃窑，三百名赴黑窑使用”，按这只是烧窑的军工。由于砍柴和运输更需要大量人力，嘉靖朝曾一次拨官军八千名“赴海子（即南海子，现在南苑大红门就是它的北门），听该管内监。先将不材、稠密、枯倒等树刮皮号记，照号砍伐，远近酌量，每军限三十斤至厂”。由此看来这两处琉璃窑所动用的军工已达九千人，加上工匠役作，当不下万人。

从产量看，据嘉靖时营建琉璃砖瓦等项“共烧一百七十万而缩，计两宫片瓦不少，此用九十七万有奇，计剩七十余万”。据《两宫鼎建记》记载：“两窑用柴九千七百余万斤，约银一十四万六千余两。”仅用柴一项就耗费十几万两白银，那么全部生产费用可想而知。

第四节　营建的劳动力

一、明代营建皇宫耗用了多少人力和财力

明初修建宫殿所费的人力、物力很难统计出来一个可靠的数字。在高度集权的明王朝，农民在政治压迫下开采大量建筑材料是额外之赋。农民被迫放弃土地，把劳力用在兴建皇宫工程上，加之封建官吏上下贪污，自然无法估计确切数字。再有，整个明代是陆续营建、多次重建和改建，前后沿袭，比如正统时期所用木料还是永乐时期所积存的，而工匠、军役又经常更换，所以不易得出确切积累数字。但从一些零星记载中，可以看到人力之多、耗费之庞大。永乐十九年（1421），三殿建成后第一次遭到火灾，翰林侍讲（皇帝讲官）邹缉上书说："陛下肇建北京，焦劳圣虑，几二十年，工大费繁，调度甚广，冗官蚕食，耗费国储。工作之夫，动以百万，终岁供役，不得躬亲田亩……"这里说的"动以百万"是包括整个北京和皇宫的工程所用人力。明初全国人口大约一亿左右，以全国壮劳力计算，此百万人大约占整个壮劳力一半左右，说是举国之力并不夸张。

再看以下几条记载：

明代重建次数最多的是三大殿，正统五年（1440）第二

次重建时，动用“现役工匠”，操练官军七万人兴工。到嘉靖朝，三殿又发生火灾，仅清理火焦现场就动用官军三万人（见《宝颜堂秘笈》《明英宗实录》）。

正德朝：乾清宫役尤大，以太素殿初制朴俭，改作雕峻，用银至二千万余两；役工匠三千余人，岁支工食米万三千余石。

嘉靖朝：营建最繁……斋宫、秘殿并时而兴，工场二三十处，役匠数万人，军称之（军工与民工数目相称），岁费二三百万。

又嘉靖二十六年（1547），采办大木于川、湖、贵州、湖广，费至三百三十九万两。

万历朝：三殿工兴，采楠杉诸木于湖广、四川、贵州，费银九百三十余万两。

（以上俱见《明史·食货志》）

由此可见，作为营建皇宫的工程，正统朝以后，动用人力最多时达七万人，费用最多时达九百余万两。嘉靖朝重新油饰了一下大高玄殿，叫作“见新”，一次花掉三十万两白银。

值得注意的是，明代很多次工程是在全国各地发生灾荒时进行的。以正统五年为例，从当年开春起兴建，四五月间即灾变接连不断：

四月壬申朔，山西岁荒、议赈救；

乙酉，保定蝗，遣捕之；

庚寅，开封、彰德、兖州俱蝗；

丁酉，平凉大雨雹伤人畜，田禾满；

五月壬寅朔，顺天、广平、河间、顺德蝗；

壬子，应天、凤阳、淮安蝗；

庚申，华亭、上海水灾，征布二万匹，每匹折粮二石。

（以上辑自《国榷·英宗正统五年》）

从明中叶以后，由于政治上的腐败，全国各地灾荒接连不断，即使这样也还照样横征暴敛。号称盛明的嘉靖朝的税收情况，在嘉靖初年，监察御史张汉卿曾上书说：

> 今天下一岁之供，不给一岁之用。加其水旱频仍、物力殚屈……而中官梁栋等奏营造缺珠宝，是欲括户部之银也……夫内库不足，取之计部；计部不足，取之郡邑小民；郡邑小民将安取哉？今东南洊饥，民至骨肉相食，而搜括之令频行。

“搜括”二字，出自封建统治阶级之口，可见其严重程度。嘉靖时税收大约五百万两左右，据《明史·孙应奎传》载：“自臣（即孙应奎——嘉靖时户部尚书）入都至今，计正税、加赋、余盐五百余万外，他所搜括又四百余万，而所出自诸边年例（边防费）二百八十万外，新增二百四十五万有奇，修边、赈济诸役又八百余万。”这是嘉靖三十一年（1552）收支情况，参照其他记载来看，明代中叶税收制度极为混乱，除征粮外，财税大约二百万至四百万两上下。（《明史·戴冠传》）

明代中叶以后，营建皇宫大兴土木，一直是在收支亏空的情况下，用向各地搜刮来的钱进行的。当北方俺答部落侵犯北京时，由于国库空虚，孙应奎“乃建议加派，自北方诸府暨广西、贵州外，其他量地贫富，骤增银一百十五万有奇，而苏州一府乃八万五千”。

就是在这样的情况下，嘉靖皇帝却还要修建一批道观，这个皇帝除了依靠方士，祈福、炮制长生不死之药外，还妄想靠道教的力量达到“国泰民安”。这种情况从他做皇帝起一直延续了四十多年。凡是向他进谏的御史，不是被贬官，就是被廷杖后刑以“诏狱”，如御史刘魁，为了阻止修雷坛就被打了一百杖后关了起来。

二、工匠

如前所述，永乐四年（1406）秋闰七月“诏建北京宫殿”，就征集全国工匠，“命工部征天下诸色匠作。在京诸卫及河南、山东、陕西、山西……布政司，直隶、凤阳、淮安、扬州、庐州、安庆、徐州、海州选民丁，期明年五月俱赴京听役，率半年更代，人月给米五升，其征发军之处一应差役及间办银课等项令停止”。与此同时“命泰宁侯陈珪、北京刑部侍郎张思恭督军民匠造备砖、瓦，造人月给米五斗”。（《天府广记》）

就范围讲，这种征集是全国性的，就工种讲，也是无所不包，瓦、木工自不待说，凡“百工技艺”只要营建需要，随时都可向各地征调。例如，钟楼的巨钟原为永乐初征集铸工用铁铸造，铸成后音响效果不佳，于是再调铜匠重新铸造铜钟。

从全国所征集的工匠都是技术工人，分“轮班”和“住坐”两种。同是雇佣工人，但有定期和长期之分，《明会典》记载：“工匠则有轮班、住坐之分，轮班在隶工部，住坐在隶内府内官监。”

这种征集从明初洪武年营建凤阳、南京宫殿和都城时即已开始。朱元璋在《大诰三篇》中载：“工作人匠，将及九万，往者为创造之初，百工技尽在京城，人人上不得奉养父母，下不得欢妻抚子……近年以来，愈见工减甚多，无处役使匠人。”这种无限期征用全国工匠，已经形成苦役。在营建凤阳时，曾发生过工役暴动事件，为此朱元璋曾杀掉大批工匠。（《明中都城考》）到秦逵做工部侍郎时创立了“立定限期、编成班次，使轮流而相代之”的轮换制。由于凤阳与南京两处营建经验，在营建北京宫殿伊始，就采取了轮班代替的方式。建中都时是“定三年为班”，但未实行，尔后改为“量地远近为班次，率半年更代”。

皇宫和京都营建完工之后，征集工匠仍然没有停止，这是因为明代历朝一直在不断重建、扩建宫殿，还要修建历朝皇陵。同时皇宫每个御用供应机构仍然需要大批工匠，内府工匠多时达一两万人，仅光禄寺的厨役多时就达五六千人，其他如军器、石作、木作、铁作、铜作、织造、花匠、文玩以及各种器用造办应有尽有。据《明史·曾同亨传》记，“内府工匠，隆庆初数至万五千八百人，寻汰二千五百人，而中官滥增不已”，由此可见整个皇宫以至其中器物，乃是全国历代工匠劳动的结晶，并非一时一地的产物。

三、军工

明代建国以后举凡营建都城、皇宫、皇陵、诸王府第以及开挖河道等，无不动用军工。北京营建国都伊始，最多时曾征调过七万军工投入各个工地。一般说来，军工所从事的多属壮工劳动，如搬运、烧砖、砍柴、土方等等。

明代军工有如下几个主要来源：

1. 京营或称营军，即首都驻防军，名“三大营”。一为“五军营”，包括步兵和骑兵，分中军、左右掖军、左右哨军；一为“三千营”，都是骑兵；一为“神机营”，拥有火枪、火炮。这三大营分驻北京近郊，在出征、出操之外，还作为军工从事营建。

2. 卫军，系禁军，属羽林军。原为三千人，由于分为武骧、腾骧、左卫、右卫，称四卫军。卫军由太监担任最高统领，和宋制殿帅相似，但明代卫军也参加一部分营建工程。由于由太监直接指挥，所以更腐败一些，“诡冒者众”，弘治间诡冒者万四千人。所谓“诡冒”，就是四方逋逃冒充禁军，除流氓、痞棍、盗匪外，也有以老充少、以弱充壮以及坐吃空额或挂名拿饷之类。这一类卫军，到明中叶后不是营建军工主力。由于工匠人数较多，于是虚报吃空额、假冒就成为主管太监、官员以及工头贪污的手段。“照约夫匠众多，该官员役冒破，以五作十，并庸匠、杂、病、残疾人夫，希图塘塞。”（《两宫鼎建记》）同时又在发工资时利用白银、黄钱的比例差价进行剥削，至于克扣、拖欠就更不足为奇了。从圣旨看，似乎是每人米五斗、钞三锭，但工匠绝不会实得。

3. 班军，即各地驻防军。明代在全国南北各要地设三百多“卫”（如天津卫、威海卫等），设都司卫所，自永乐中调附近官军（轮）番上京师，后遂为故事。“河南、山东、南直隶，俱京师咽喉；山西、陕西，又中原形胜要地。各处官军轮流上操，本地无军可守，后盗入商洛，镇巡官议欲赴救，无军可遣。山东、直隶，武备单弱尤甚，以故盗贼纵横，莫可禁御……备操官军在京，止堪备做工之役，不若省行粮之费，以募工作，何忧贫之？”（《明臣奏议》）这是嘉靖兵部尚书李承勋的奏本。

从这段记载可知，明中叶后班军主要被用作营建工役，以致地方无备可守，所以兵部官员拟请募工代替军工，但这一建议未获实行。到明末班军数量越来越少，班军由额十六万，减至七万，至崇祯时止两万有奇，而且势家私占，大半被权势豪门调去营建私宅。

4. 民夫。封建社会中，封建统治阶级除向农民收租外，还无偿征调农民出工、卫边。在明代，征调的民夫役作相当繁重。按《明会典》工部“夫役”条载：“凡起取夫役，洪武元年定役法，每田一顷出丁夫一人。二年，置直隶应天府等十八府州及江西九江、饶州、南康三府均工夫图册，每岁农隙，其夫赴京供役，每岁率用三十日，遣归。田多丁少者以佃人充夫，其田主出米一石，资其费用。非佃人而计亩出夫者，其资费每田一亩出米二升五合。”

虽说记载如此，但实际上有时按户出工。明初营建宫殿采运木材，由各省督抚有司就地征调民夫。北京营建宫殿及都城，主要是在北京附近地区如顺天八府、北直隶（河北）征调，如“三殿拽运木石车骡，尽派顺天八府”（《两宫鼎建记》）。

据《永乐大典》中“顺天府志”载，北平在洪武二年初报户为一万四千九百七十四户，人口为四万八千九百七十三人，到洪武八年实户为八万零六百六十六户，人口为三十二万三千四百五十一人。以上包括北京四郊香河、良乡、昌平、东安、宛平、大兴、永清、固安等县，这样大的地区才八万多户三十二万多人，尚不足今天京郊一个县的户口。

洪武二十二年十月，朱元璋曾下令“徙山西民于北平、山东、河南”。朱棣在决定迁都北京之后，决定以移民方式充实北京。

永乐元年八月甲戌，徙直隶、江苏苏州等十郡，浙江等九省富民实北京；二年九月丁卯，徙山西民万户实北京；三年九月丁巳，徙山西万户实北京。（《明史·成祖本纪》）

又徙直隶、浙江民两万户于京师，充仓脚夫，成祖核太

原、平阳、泽、潞、辽、沁、汾丁多田少、无田之家，分其丁口以实北京。（《明史·食货志》）

朱棣采取“移民实北京”的措施，从经济上看是提供劳动力和税收，从政治上看是把江南一些富户转移到北京，以便在北京就近监视，而且还可以减少江南地主阶级的反抗。他登基后立即迁江苏的富户，就是明显的象征。

5. 囚犯。明初制定除立决死囚外，其他囚犯都要服劳役。《明会典》载：“国初造作工役，以囚人罚充。役满，工部咨送刑部，都察院引赴御桥叩头发落，至今犹然。”

明代初年刑律中有“工役终身”的罪名共四十二条，如“盗仓库钱粮；不立文案、冒解罪人、擅差职官、私铸铜钱、盗内府财物”，甚至僧道不务祖风、师巫假降邪神、冲突仪仗并诉事不实之类也被定为罚役终身。至于短期服役或限期服役的刑法，名目就更为繁多了。

朱元璋在晚年制定的刑法非常严酷，借丞相胡惟庸“作乱”和蓝玉“造反”，大肆杀戮，株连了一两万人，有大批官员被判刑从事苦役。朱棣借“清君侧”，又杀戮大批反抗他的官僚，又有一批犯官被罚做苦役。

嘉靖朝重新修订赎罪条例，在京囚徒则有做工、运囚粮、运灰、运砖、运水和炭五等劳役，运灰最重，运炭最轻。在外

则有力、稍有力二等，其有力，视在京运囚粮，稍有力，视在京做工年月为折赎。（《明史·刑法志》）

役徒的数目各朝不等，明初达到数万人。《国朝列卿纪·严震直传》载："旗平卫指挥李忠奏，役徒死者当取户丁代，凡万余人。"从这段记载看，明初仅役徒死者就有四万余人，那么全数当远超此数。这位李忠奏请用户丁代未获批准，不过可以据此知道，囚犯施工当是很大的一个数目。有的囚犯是带镣劳动的。镣，连环共重三斤，以铁为之，犯徒罪当带镣工作。（《明会典》）带刑具做工在洪武修中都时即有，在中都遗址中发现不少镣具。

明初营建繁重，所以"输作工役"用劳役赎罪者较多。到明朝末叶，在营建较少的情况下，则采取输粟、输马、纳银等方式，成为一种剥削、掠夺和聚敛财富的手段了。

根据明代不完全的记载，永乐十九年三殿被焚，到正统年间兴建时，仅军工即达九万。至于工匠如按户计，明初达二十二万多户，每户一人则至少二十二万多人。至于征调夫役、囚徒服刑役，数目就更多了。明中叶有不少官员为繁重的工役发出呼吁，以"百万之众"来形容北京宫殿的营建工程。如以前后人次计算，明朝历代所动员的军、民夫役，再加上伐木、运输，当不止此数。

四、著名建筑匠师

故宫这座宏伟壮丽的古建筑群，在1420年建成，经历了明清二十四个皇帝，他们的名字都写在史册里。可是在修建这座宫殿时，大批工匠和壮工付出辛勤劳动、智慧和血汗，甚至牺牲了性命，却湮没无闻了。现在只能在某些文献上零星查到得到封建皇帝赏识、取得一官半职的几位匠师的名字，如：

明朝的杨青，瓦工，永乐朝在京师营造宫殿；

蒯福，木工，永乐朝营建北京宫殿；

蒯祥，木工，永乐、正统两朝营建北京宫殿；

蔡信，工艺，永乐朝营建北京宫殿；

蒯义，木工，永乐朝营建宫殿；

蒯纲，木工，永乐朝营建宫殿；

陆祥，石工，宣德朝营建宫殿；

徐杲，木工，嘉靖朝营建三殿；

郭文英，木工；

赵德秀，木工；

冯巧，木工；

清朝的梁九，木工；

雷发达，木工出身，康熙朝参与宫殿和园林等建筑图样设计，子孙继承其事业，他的一家有“样式雷”之称。

北京故宫在明清两代俱有能工巧匠参与营造之事。明代工部有营缮所，其中技术人员有由工匠升至王朝大官者。木工蒯祥官至侍郎（《苏州府志》）；徐杲匠官出身，官至工部尚书（《万历野获编》）；石匠陆祥官至工部侍郎（《古今图书集成》，引《武进县志》）；更有永乐朝在京师营造宫殿的瓦工杨青，不但官至侍郎（《松江府志》），而且还有永乐皇帝赐名杨青的轶事流传下来。杨青原来是一个淳朴的劳动者，在他还是宫廷里的一个普通瓦匠时，名字叫杨阿孙。有一天永乐皇帝看到宫殿新粉刷的墙壁上有若异彩的遗迹，这是蜗牛爬行的痕迹。当时惹得这位皇帝好奇地向左右随侍发问，正在做工的杨阿孙如实回答了永乐皇帝，随后永乐皇帝得知这个工匠乳名未改，就说，现在正是杨柳发青时节，改名杨青吧。宫殿修成后，杨青得到了专管修缮机关的工部侍郎的官位。瓦工出身的杨阿孙后来就成为工部左侍郎杨青了。

冯巧是明末著名的工匠，技艺精湛，曾任职于工部，多次负责宫殿营造事务。冯巧死后，梁九接替他到工部任职。清代初年，宫廷内的重要建筑工程都由梁九负责营造。梁九为顺天府（今北京市）人，生于明代天启年间，卒年不详。这位建筑匠师曾拜冯巧为师。清康熙三十四年紫禁城内主要殿堂太和殿焚毁后，由梁九主持重建。动工以前，他按十分之一的比例制作了太和殿的木模型，其形制、构造、装修一如实物，据之以施工，当时被誉为绝技。他重建的太和殿保存至今。

清代的工匠非如明朝能跻身于京卿之列，而只能世守其业，即使营造有功者亦如此。清代有样式房、销算房承办制度，皆世守之工，分掌营造事业，凡兴作，由样式房进呈图样，彻决旨意，再发工部或内务府算房编造各作做法和估计工料。“算房刘”有刘廷瓒、刘廷琦，“算房梁”有梁九，“算房高”有高芸，专应疏浚沟渠工程的“沟董家”是董姓之家。

特别需要一提的是清代宫廷建筑匠师家族，即“样式雷”。始祖雷发达生于1619年，卒于1693年，字明所，原籍江西建昌（今永修县），明末迁居南京。清初，雷发达应募到北京供役内廷，康熙初年参与修建宫殿工程。在太和殿工程上梁仪式中，他爬上构架之巅，以熟练的技术运斤弄斧，使梁木顺利就位，因此被“敕封”为工部营造所长班，负责内廷营造工程，有“上有鲁班，下有长班”之说。其子雷金玉继承父职，并投身于内务府包衣旗，担任圆明园楠木作，样式房掌案，直

“样式雷”烫样（圆明园）

到清代末年。雷氏家族有六代后人都在样式房任掌案职务，负责过北京故宫、三海、圆明园、颐和园、静宜园、承德避暑山庄、清东西陵等重要工程的设计工作，同行中称这个家族为“样式雷”。

雷氏家族设计建筑方案，都按百分之一或二百分之一的比例，先制作模型小样进呈内廷，以供审定。模型用草纸板热压制成，故名“烫样”。其台基、瓦顶、柱枋、门窗以及床榻桌椅、屏风纱橱等均按比例制成。雷氏家族烫样独树一帜，是了解清代建筑和设计程序的重要资料，现留存于世的烫样一部分存于北京故宫。

第五节　营建中的贪污和腐败

一、从一本鸣冤录谈起

在明代万历二十四年（1596）重建乾清、坤宁两宫的工程中，主持的官员中有一名营缮司郎中贺盛瑞，在工程中节余九十万两白银，由于既没有给掌权太监行贿送礼，也没有和工部官员私分，结果被加上一个“冒销”（虚报）工料的罪名而罢官。他写了一个“辩冤疏”向皇帝申诉，说明他确实没有贪污，而是想方设法为皇家效劳。但万历皇帝不理政事，有二十多年没坐朝。这位官员便忧郁而终。他的儿子贺仲轼根据父亲的笔记及生前口述，写了《两宫鼎建记》一书，详述他父亲主持施工的经过，并把那“辩冤疏”附在后面。这本《两宫鼎建记》并不是关于营建技术的著述，文字水平也不高，实际是一部表功状和喊冤录。从这本著作中反映了明代晚期营建皇宫的极端腐朽的内幕。贪污勒索、侵吞盗窃，无所不用其极，成为当时社会政治的一个缩影。

明朝中叶以后在营建方面采取了买办收购方式，因而出现了一批供应皇家建筑材料的商人。这是资本主义萌芽的一种反映，但是买办制度对宦官、官僚有极大的依附性。宦官和工部官员靠受贿发财，商人靠宦官和工部官员营利，上下勾结，形成一个吸血网络。

从《两宫鼎建记》的序言可以看出当时的风气。这个序是作者贺仲轼的朋友邱兆麟所写，公然写到“朝廷建大工，莫大于乾清、坤宁两宫，所费金钱有原例可援，乃先生省九十万。夫此九十万何以省也？是力争中珰（太监）垂涎之余，同事染指之际者也。割中珰之膻，而形同事之涅，不善调停人情而谐合物论，莫甚于此”。从这段序言可以看出明代政治的概况，在官僚集团的心目中，省这九十万两白银反而会招祸，是不善调停人情。他儿子说他父之被谪也宜也，虽然有所愤慨，却也反映出明代官僚贪污的程度。

营建皇宫实际的大权操于宦官之手，主持者为内官监，再上则为东厂司礼秉笔太监（皇帝的特务头子秘书）及其爪牙，这批太监贪污受贿，干没（侵吞）、冒报、盗窃已属公开之事。其中还有一项是利用财政上兑换的差价进行剥削，如每一两铸钱六百九十文，市上每四百五十文换银一两，给予夫匠工食则以五百五十文做银一两，收利一百四十文……则发银万两可积银二千五百余两矣。由此可知，只在兑换差价这一项，剥削工匠就可达到四分之一以上，营建皇宫所耗银两前后何止千万两，那就是说至少有数百万两被太监、官僚侵吞。这是不露形迹的剥削和贪污。

至于冒报人夫数字也有一段记载："两宫开工，公（指贺盛瑞）令止用夫百名。是日，同科道管工者同至工所（工地），报五百名。公曰：'工兴才始，不遵令者谁也？'询之者乃内监。"虚报出工数字竟然多出四倍。从这本鸣冤录中也可以看到宦官和工部官员之间的矛盾，太监主持工程和监工，工部官员主管施工，太监命人往外抬剩料和渣土时，工部官员要进行检查，太监非常尴尬，央求官员放过，官员为了拿太监一把，于是放行了。一般说来，各层太监的贪污和侵吞要甚于工部官员，因为太监不仅掌握实权，而且更为贪婪凶狠。

二、骇人听闻的贪污和掠夺

正德间重建一次太素殿、乾清宫就花掉二十万两白银，嘉靖时把大高玄殿"见新"（粉刷油饰）花掉三十万两显然不实。这个不实不是记载上的错误，而是这些钱并没有完全用在建筑工程上，而是被贪污和中饱私囊了。从中国历史来看，明代的宦官、外戚、权奸的专政可以说是封建社会的集大成。利用营建皇宫进行层层剥削，从明永乐间就开始了。如永乐时买办颜料，摊派给百姓，民相率敛钞，购之他所，大青一斤，价至万六千贯，及进纳，又多留难，往复辗转，当顺二万贯钞，而不足一柱之用。

负责明代营建的最高主持机构是皇帝直辖的内官监，由太监负责，工部只是执行机构。不仅如此，就连政府的实际最高权力，也往往落在司礼秉笔太监以及提督东厂太监手里，而东厂、司礼监、内官监又经常三位一体，紧密勾结。一些大大小小的太监把握了整个国家营建的管理权，甚至连验纳建筑材料都要勒索贿赂。明《万历野获编》记载了当时皇宫的营建情况：

> 天家（即皇家）营建，比民间加数百倍。曾闻乾清宫窗隔一扇稍损欲修，估价至五千金，而内珰（太监）犹未满志也。盖内府之侵削，部吏之扣除，与夫匠头之冒破，及至实充经费，所余亦无多矣。

三、官员和太监的营私舞弊

嘉靖三十六年（1557），工部尚书赵文华主持营建皇宫，盗用大量木材砖瓦等建筑材料，营造他自己的私宅。嘉靖皇帝见正阳门工程缓慢，不大痛快。一次登高，望到远处一片楼阁亭台，非常壮丽。问是谁的宅子，左右说是赵文华的新居，又说赵文华把工部的大木弄去一半为自己建府。皇帝便问首辅严

嵩，严嵩替赵文华开脱。皇帝派太监去打听，果然是盗窃皇木，赵文华从此得罪。（《国榷》卷六十二）

赵文华是明代著名奸臣严嵩的心腹，严嵩是嘉靖的首辅。他勾结宦官、广植爪牙、排除异己、贪污受贿，无恶不作，甚至伊五在洛阳要扩建王府也要向他行贿（伊五请求十万两到手后给严嵩两万两——《明史·胡松传》）。当赵文华被嘉靖皇帝罢官流放后，严嵩又乘机吞没了赵文华的家私巨万，派人运送到自己的家乡，公然让沿途官员私役民夫护送。

如前所述，嘉靖朝营建最为频繁，这一朝严嵩当权最久，他不仅大量贪污营建费用，即连边防、民政、水利……举凡财政支出，无不从中侵吞，以至售官卖爵，视官爵高低定贿赂等级。他儿子严世蕃也当上工部侍郎，大量侵吞营建费用。严氏父子朋比为奸，从当时御史弹劾他们的奏章可以看出：

严嵩……如吏、兵二部每选。请属二十人。人索贿数百金，任自择善地。

往岁遭人论劾，潜输家资南返，辇载珍宝，不可数计。金银人物，高至二三尺者。下至溺器，亦金银为之。

广布良田，遍于江西数郡，又于府第之后积石为大坎，实以金银珍玩，为子孙百世计。而国计民瘼，一不措怀。

畜家奴五百余人，往来京邸，所至骚扰驿传，虐害居民……（《明史·王宗茂传》）

严世蕃的情况和他老子差不多。

工部侍郎严世蕃凭借父权，专利无厌。私擅爵赏，广致赂遗……刑部主事项治元以万三千金转吏部，举人潘鸿业以二千二百金得知州……为之居间者不下百十余人，而其子锦衣严鹄，中书严鸣，家人严年，幕客中书罗龙文为甚。（严）年尤桀黠（狡猾）。士大夫无耻者呼为鹤山先生。遇嵩生日，年辄献万金为寿……嵩父子故籍袁州，乃广置良田美宅于南京、扬州，无虑数十所，以豪仆严冬主之。抑勒侵夺，民怨入骨。（《明史·邹应龙传》）

这样的贪官权奸，嘉靖皇帝长期倚之为左右手。到晚期由于御史连续弹劾，严嵩终于败露，在嘉靖四十四年（1565）即皇帝死前一年，被抄了家，从他江西老家所抄出的财产为：黄金三万二千九百六十九两，银二百二万七千九十两有余，玉杯盘等八百五十七件，玉带二百余束，金银玳瑁等带百二十余束，金银珠玉香环等三十余束，金银壶盘杯箸等二千八百八十余件，龙卵壶五，珍珠冠六十三，甲第六千六百余楹（间），别宅五十七区，田塘二万七千三百余亩，余玩不可胜纪……又寄贷银十八万八千余（两）（《国榷》卷六十四，“巡抚江西御史成守节上严氏籍产”）。至于严世蕃的家产，只提“追赃二百万两”。这些家产加起来，竟然超过了国家岁收和国库所存，可是当时的百姓却是骨肉相食，边卒冻馁。

明代营建皇宫和北京城，除募集工匠外，官军是一支主要力量，因此工部和兵部有密切关系。太监和工部官员可以公然借营建贪污受贿，而掌管军队调动的官员或者和兵部有关系的官员，在捞不到营建肥缺的情况下，要从军工身上捞一把。有的官僚公然动用大批军士营建私宅。在成化朝，太监汪直当权，手底下有两名兵部官员陈钺（兵部侍郎）、王越，还有一个平卫左所的武官朱永，这些人动用了两千军工为自己营建私宅。这件事不见于官史，但通过一条戏剧性的资料表现出来。当时有一次宫廷宴会，其中穿插了一个滑稽节目（这是中国宋金以来杂剧的形式），一个叫阿丑的宫廷御用演员，假扮成穿军服的太监，挟双斧，踉跄而前。人问之，曰：“我汪太监也。”左右顾其手，曰：“吾惟仗此两钺耳（陈钺、王越）。”朱永时役兵治私第，阿丑复装为楚歌者曰：“吾张子房，能一歌而散楚兵六千人。”曰（似为相声中之捧哏

者）：“吾闻之，楚兵八千人，何以六千？”曰：“其二千在保国府作役耳！”上笑，永惧而罢役。（《国榷》卷三十九）

这个叫阿丑的演员很善于插科打诨，通过这段戏剧性的表演，可以看出当时太监、官僚动用军士为自己盖私第，竟达两千人之多。那么用民工及为皇宫准备的木料砖瓦以营私，则可想而知。当时一些御史所不敢弹劾的事，却被一个服贱役的演员阿丑把它公之于宫廷宴会上，可见明代政治腐败到何等地步！

第三章　布局与建筑艺术

第一节　数字的比较

1977年国庆前夕，一架银色的直升机经特别批准，在超低空摄取了一张天安门广场的全景。从这张照片上可以清晰地看到中轴线向北延伸，一直通到鼓楼和钟楼。在天安门北侧，无数座瑰丽的宫殿，宛如宝石砌成的沙盘，这就是举世闻名的北京故宫。这张照片是迄今最完整的天安门广场和北京故宫的鸟瞰图像。

首都北京已经有八个世纪的建都历史了。自从封建社会的中叶——12世纪起，我国的政治文化中心就已经从西安、洛阳、开封以至南京逐渐移到北京。因此，北京的古迹、文物，尤其是作为都城的象征——宫殿建筑在全国居于首位。

故宫从朱棣起到1644年明代灭亡止共经历了十四个皇帝，

故宫全景

随之由我国东北少数民族满族建立的清王朝继承，又经历了十个皇帝。1911年辛亥革命推翻清王朝，结束了中国几千年的封建王朝的历史。

北京故宫宫殿建筑，不仅在全国居于首位，和世界各国著名都城的皇宫相比，也占有突出的地位。世界上有不少文明古国，也有众多著名的帝王宫殿，若论历史久、范围大，北京故宫应是最驰名的。我们不妨做一比较。

法国巴黎的罗浮宫，15世纪本来是一座城堡，自1541年建成皇宫，历经路易十四、拿破仑，二百多年当中经历四次改建，一度成为欧洲政治文化中心。它和北京故宫相比，建筑面积尚不到紫禁城面积的四分之一。

鼎鼎大名的凡尔赛宫，相当于北京近郊的颐和园（欧洲人称它为夏宫Summer Palace），但凡尔赛宫的面积尚不及颐和园的十分之一。

俄罗斯的圣彼得堡冬宫，1764年建成后，于1837年遭受火灾，它的建筑面积约一万七千八百平方米，相当于紫禁城的九分之一。

莫斯科的克里姆林宫，号称欧洲最大的宫城，初建时相当于当时莫斯科面积的四分之一，但和紫禁城相比，面积尚不及一半。

英国的白金汉宫，1703年由白金汉公爵乔治·费尔特主持兴建。1825年由英王乔治四世扩建，1837年维多利亚女王移居这里以后基本维持现状。它的建筑面积相当于紫禁城的十分之一。宫内最豪华的御座间（英王坐朝的宫殿）约六百平方米，而北京的太和殿则为一千七百平方米。

日本东京的皇宫，在日本明治朝六年起火后，转年重建，全部面积（包括御苑部分）相当于三百三十华亩，合二十一万七千平方米，尚不及故宫三分之一。

北京故宫除去12世纪金、元两代遗留下来的琼华岛御苑部分外，仅就现存的自明永乐十八年（1420）兴建的紫禁城计算，它占地七十二万多平方米，合一千零八十七华亩，建筑面积约十七万平方米。在多次坍塌后，现存十五万平方米。

北京故宫虽然在明、清两代一直不断地营建、重建、改建、扩建，但它的基本规模仍然是明永乐时期所确定的紫禁城，至今仍能看到许多五个世纪以前的古建筑。可以毫不夸张地说，北京故宫在世界著名皇宫中，是历史最悠久、建筑面积最大、保存最完整的一座封建王朝的皇宫。

第二节　明代皇城格局

在唐宋时期，都城内的皇城即指皇宫的墙垣，但皇城里面仍有外朝、大内之分，所谓大内就是皇帝居住的宫殿。这种规划到了元代有所变化，元大都的皇宫本是三宫（即大内、隆福宫、兴圣宫）鼎立之布置，在三宫和太液池间再加筑一道红墙围绕起来，这就是皇城，从此皇城和宫城就有所区别。皇城城墙也称为萧墙，俗称红门拦马墙，顾名思义宫禁之内严禁走马，实际上是把皇宫禁区扩大，多增加了一层防卫圈。元皇城把三宫组成一个整体，因为大内的大明宫处在中轴线上，它便成了整个皇城的主体，又称紫禁城。

明代吸收了元代的规制，又有进一步的发展。随着北京南城城墙的南移，皇城和紫禁城也向南延伸了一里左右，并使皇城又向东、北方向开拓，改变了元皇城偏西的局面而使重心东移，不仅扩大了皇城的范围，也突出了紫禁城居中的地位。明初还在皇城北部兴建了万岁山，此因明中都宫殿之后有万岁山而沿袭，尔后又在皇城东南兴建了重华宫（即南内，在今南池子一带）。这样，西宫、西苑、南内、景山，犹如众星拱月一般把紫禁城拱卫起来。

皇城城墙系砖砌抹以朱泥，上覆黄琉璃瓦。北京故老赞美北京风貌爱用“红墙绿树”“金砖琉璃瓦”之称。这红墙即指皇城城墙，皇城城墙在明清两代都是两重，所谓外皇城和内皇城。外皇城有四个门：南——承天门（清代称天安门）、东——东安门（在今东华门大街和南河沿交口处）、西——西安门（在西安门大街中段，1950年毁于大火）、北——北安门（清代称地安门）。承天门在明初建时大致与北安、东安、西安相似，非如今日之天安门高大雄伟。天安门有四个华表，北面两个华表，紧靠城门，是初建天安门时所形成。其北位于紫禁城前的端门，与天安门相距极近，不能突出。估计改建成今日之状，可能是明宪宗成化元年（1465）三月命工部尚书重造承天门的结果（《宪宗实录》）。北安、东安、西安都是单檐。红墙即以这四个门为中心而伸展，唯缺西南一角。

内皇城在筒子河外围，一方面在紫禁城和各离宫间起隔离作用，另一方面又使紫禁城和皇城之间增加一道防线。内皇城南起太庙和社稷坛墙，东、西、北三面各辟三门：即北上门、北上东门、北上西门；东上门、东上北门、东上南门；西上门、西上北门、西上南门。除此以外，在内外皇城的相对城门之间，再增筑一个城门，如东上门和东安门之间，有一个东中门；西安门和西上门之间有一个西中门；由于北安门和北上门之间相隔一个景山，所以北中门设在景山之后，在今地安门大街南端的丁字路口处。

皇城以内属于禁区。除各宫苑外，还分布数十个御用机构，分属内府十二监，即司礼、御用、内官、御马、司设、尚宝、神宫、尚膳、尚衣、印绶、直殿、都知；四司即惜薪、宝钞、钟鼓、混堂；八局即兵杖、巾帽、针工、内织染、酒醋面、司苑、浣衣、银作。此外还有库，如西什库即皇城西北之十座库房，如御酒、甜食、更鼓、绦作等以及由内库各监所属的作坊，如大石作、盔头作……举凡皇宫所需从衣食住行到生老病死全部包括在内。为此，皇城设立了极其森严的警卫，外皇城周围有“红铺”七十二座，即禁军的岗哨据点；内皇城外又设“红铺”三十六座。每座红铺由十名军士组成。入夜，这些军士次递巡更，手持铜铃，“一一摇振，环城巡警”。皇城地区不仅严禁百姓入内，就连宫内太监也不准“犯夜”。层层城墙和道道城门，与其说是为了表示皇家的“尊严”，毋宁说是为了防御和警戒，这也是封建社会阶级唯恐发生变乱的一种措施。

皇城的防御性突出表现在南北两端，这就是前面的宫廷广场——千步廊和景山后面内皇城构成的封闭区——雁翅楼。

千步廊是我国皇宫“御路”旁的廊房建筑。《唐两京城坊考》中记载，唐代东西两京的长安、洛阳宫城都有千步廊。长安皇宫中的千步廊有两个：一是在皇城西北隅有东西廊；二是在东北隅有南北廊。参照古长安复原图可以发现，皇宫约坐落靠北城墙，西北隅的东西千步廊，横向是通往北城墙各门的通道，而东北隅则靠近北部的大明宫，因而廊房为纵向。如此看来，廊房是为了交通、警卫以及仪仗而设。元大都则把千步廊设于紫禁城大门之外，位于“国门”通道，这是一个变化。从丽正门（今在长安街）到崇天门（皇城正门，今之太和殿址）大约有七百步。这样长的一条大道用两列廊房夹峙起来，既免于空旷之感，又增加了森严气氛。

明代千步廊又比元代有所发展，千步廊南移到正阳门和承天门（今天安门）之间，长达一里多地。它既是国门前的御路，又是宫廷前的广场。为了突出皇宫的尊严，用两道红墙把五府、六部隔在墙外，南端筑一道皇城的外门——大明门。红墙之内分筑两列廊房，各一百一十间。到长安街南侧再随红墙分向东、西方向延伸，两旁又各有朝北的廊房三十四间，东西尽头是东、西长安门。于是在皇宫大门之前形成一个T形的禁区。到明正统朝，在东、西长安门外再各筑一道南向的大门，称东、西公生门，是五府、六部通往皇宫的便门。到了清代乾隆朝又在东、西长安门外加筑东、西三座门（东至今南池子南口，西至今南长街南口）。这样就把T形广场的两翼延伸得更远一些，使禁区范围更加扩大了。长安街本来是北京内城唯一直通东、西城的纬线，而它的中段却因禁区而被封闭住了。因此，辛亥革命前，北京东城和西城间的交通非常不便，必须往南绕行前三门或往北绕行地安门外，明、清两代一直如此。

这一T形广场是皇城前的警卫地带，也是排列仪仗的地区。这条森严而狭长的石路到承天门前，突然向左右展开，在金水河上五座玉石栏杆的金水桥和两座华表、石狮的衬托下，承天门更显得雄伟、壮丽，这在建筑上是一种“蓄势”手法。这样长的御道不可能使用屏障，又不能感到空旷或造成曲折，于是用夹峙的廊房造成深邃悠远之感，然后豁然开朗，使主体建筑脱颖而出，“九重宫禁”的气势就是这样形成的。在一条平直深远的大道上，通过重重宫门和两旁建筑物的开阖伸缩、起伏跌宕以烘托局势，形成一个又一个的“高潮”，使主体建筑更显得气魄雄伟、庄严。这些手法最后归结为一个目的，就是突出“皇权至上”这一主题，但客观上却体现了中国城市规划和皇宫建筑的空间组合的建筑艺术高度，这样的艺术为全世界所欣赏。

明清两代的宫廷广场都为封建王朝发挥了具体的统治作用。凡皇帝发布的重要文告，要从承天门上用彩凤形状的饰物衔下，由各部官员在下承接。西长安门内千步廊拐角处，每年霜降节举行“朝审”仪式，由吏部、刑部、都察院联合判决“重囚”的死刑。经过判决的死囚，押出西长安门赴刑场，因而西长安门在民间被称作“虎门”或“死门”。而东长安门内千步廊拐角处，则是礼部复查会试（科举考试最高一级）试卷的地方。举子经殿试以后的“黄榜”就是悬挂在承天门前，考中的进士从这里集结看榜后走出东长安门，因此东长安门又称为“龙门”或“生门”。考中会试被称作“登龙门”即源于此。

千步廊举行的这两种仪式，分明是封建王朝的统治手段，从此也可以看出，作为建筑的法式，是有鲜明的政治内容的。

第三节　紫禁城的规划和布局

紫禁之名来源于紫微星座，在我国古代，紫微星被认为是帝座，而皇宫又是禁区，所以称帝王宫殿为紫禁城，而其他别墅性的皇宫御苑称为离宫。千门万户的宫殿，是三重城墙包围之下的“城中之城”，外观上十分规正，完全是正式城墙建筑，有大城砖、清水墙，上面有女儿墙垛口。所谓女儿墙，又名宇墙，即城上加砌的矮墙。紫禁城南北长九百六十米，东西长七百六十米，由地面到女儿墙高十米，底宽八点六二米，上宽六点六六米，其收分较小。全城面积是七十二万平方米，约一千零八十七市亩，相当一个中小县城，豪华富丽却达极点。首先城墙全系磨砖对缝细砌，瓦工术语为五扒皮砖，就是五面砍磨。四个角楼是九梁十八柱、七十二条脊的独特形式建筑。城墙四周绕以护城河，用条石砌岸称筒子河。波光城影，庄严之中给人以玲珑剔透之感。这是中国古代“城”的最高建筑形式，而这座城只住一户人家——皇家。

清《宫殿门楼规制》中记：明宫殿规制配置务取均齐，紫禁城内三殿两宫及各宫殿如此，即东苑、西苑各宫殿亦无不如此。所以雄伟奇丽似逊于元，然整齐严肃又非元所能及，今以元宫殿遗制衡之亦有迹可寻。

明代皇宫布局确实整齐严肃，左右对称，前后呼应，起伏重叠，格局严谨，总的来说是为了突出一个主题——君权至上，其森严、豪华、高贵、整齐都是为表达这个主题服务的。

在我国封建社会中，周、汉、唐、宋的宫廷也都表现“君之门兮九重”的森严，以及“普天之下莫非王土、率土之滨莫非王臣”那种至高无上的气魄。我国从进入封建社会以后，就是一个中央集权的统一国家。在历史发展过程中也有过分裂和割据，但总体趋向集中统一。到封建社会后期的明代，中央集权的情况更为突出。朱元璋在建立明朝以后，于洪武十三年“诏罢中书丞相，而立五府九卿分理庶政。殿阁之臣唯备制草，故载诸训，有曰建言设立丞相者，本人凌迟，全家处死”。从表面上看朱元璋制定这一严厉措施是由于当时爆发了胡惟庸、李善长的“谋逆”，实际上不只是针对胡、李少数人的问题。当时他杀掉一大批人，株连数以万计，过了几年，他的一个大臣向他为李善长喊冤，他也并不加罪。看来他是从南宋、元代的权奸弄权、营私舞弊吸取了历史教训，严厉禁止他的臣下结党而发。“帝以历代丞相多擅权，遂罢中书省，分其职于六部。”（《明史·安然传》）他不仅撤掉丞相这一职位，而且在各省也取消了行政首脑而以监察御史巡抚各地，同时增加了六部，即吏、户、工、礼、兵、刑的行政职权，把独裁权力控制在皇帝手中，形成绝对的君主专制。这种思想和政治体制同样反映在皇宫布局中，成为明代宫殿建筑的主题。

明初不论建都地如何改变，皇宫的规制却一直承袭，并不断地有所修改和增益。从吴元年（1367）刘基等人设计吴王宫时就已确定了规划，如吴元年作新内，正殿曰奉天殿，前为奉天门，殿之后曰华盖殿，华盖殿之后为谨身殿，皆翼以廊庑；奉天殿之左右各建楼，左曰文楼，右曰武楼；谨身殿之后为宫，前曰乾清宫，后曰坤宁宫，六宫以次序列；周以皇城，城之门，南曰午门，东曰东华，西曰西华，北曰玄武。由此可见从一开始就确定了三殿两宫的规模。到停止中都凤阳工程，于洪武九年再次重建南京宫殿时，制度如旧，规模益宏。这次改建，午门增加了两翼突出的“两观”，奉天门和奉天殿左右各增加了两旁的门及左右顺门。此外还增加了文华、武英两殿，尤其重要的是把社稷坛和太庙放在皇宫午门的左右两侧。这和今天的北京故宫相比较确实相近多了。

北京宫殿的营建在明初已是第四次，它以南京宫殿为蓝图，但确切地说，是对前三次营建经验的总结。除了比南京宫殿宏敞之外，还有如下几项增益：

1. 将金水河移到承天门外，而在奉天门外增加一道内金水河，河身用巨石砌成并加玉石雕栏；

2. 把五府六部放置在千步廊外东西两侧；

3. 皇城和紫禁城之间增加一道内皇城，北、东、西三面各设三门；

4. 在乾清、坤宁两宫之间增建一座交泰殿；

5. 文华殿南靠紫禁城南墙建文渊阁；

6. 武英殿后有浴德堂，为土耳其式浴室；

7. 增建奉先殿、柔仪殿、春和殿等；

8. 除新建各殿殿门外，还增辟社街门（社稷南左门）、庙街门（太庙右门）、庙左门、社右门等。

从这些增益看，如双重金水河及双重皇城城墙，都能增强防御性。五府、六部设于前朝，是政府机构和体制更加集中的表现。北京宫殿的建筑虽说是制度皆如旧，但实际是前三次营建皇宫不断增益之总和并有所发掘，因此规划性更强，布局也更完整。

中国封建社会的都城和皇宫设计都以《周礼·考工记》作为根据。按“古国都如井田法，画为九区。面朝背市、左祖右社，中一区君（皇帝）之宫室，宫室前一区为外朝，朝会藏库之属，皆在焉，后一区为市”（《天府广记》“后市”条），元大都也是如此。坛庙分设在崇仁、和义（即东直、西直）两门几里迤南，也是皇宫的一左一右。

明代初年的左祖右社也距皇家稍远，而且是社、稷分祀。“其坛在宫城西南者曰太社稷，明初建太社在东，太稷在西，坛皆北向……（洪武）十年改午门之右，社稷共为一坛。”（《明史·礼志》）至于宗庙，明初作四亲庙于宫城东南，各为一庙，洪武十年，改建太庙为同堂异室之制。在洪武十年第二次营建皇宫时，才做了这两次重大改变，把社（土）、稷（谷）合一，又太庙改为“同堂异室”，即把各代祖宗牌位放在大殿并间隔开，同时把太庙和社稷坛紧靠午门左右，和皇宫构成一体。

所谓“朝”，是指朝廷，即政府机构。朱元璋撤销了丞相和中书省，北京皇宫就按文东武西的方位把六部（吏、户、兵、刑、礼、工）、鸿胪寺、宗人府、钦天监和太医院放在承天门前以东，把五府（前、后、左、右、中五军都督府）和锦衣卫、太常寺、通政司等衙门放在西部，形成明代中央政府的一套“国家机构”。

皇宫的后门是北安门，从北安门到鼓楼前元代即已形成繁华的商业区。这里是靠近后海的重要码头，各种船只从通州经通惠河（经过南河沿、北河沿、步粮桥）直接通船到积水潭，历史上曾有过“舳舻蔽水”的记载：

东南之粟岁漕数百万石，由海而至者道通惠河以达。东南贡赋凡百上供之物，岁亿万计，绝江河而至，道通惠河以达。商货懋迁与民夫日用之所需不可悉数。（《日下旧闻考》）

因此在这一带形成了一片繁盛的市场。

明代这种皇宫营建布局比起前代来，虽然总的原则依旧，但是更集中统一了。坛、庙、朝、市和皇宫紧密地结合在一起，紫禁城里的三殿、两宫、东西六宫构成一套完整的建筑体系。这种布局的主题体现一种思想，即君权、族权、神权、夫权集中统一于皇帝一身，皇帝成为封建权威的最高代表。

第四节　午门与太和门

紫禁城有四个城门：午门、东华门、西华门、玄武门。午门是正门，位置在紫禁城南面城墙的正中。北面的玄武门位置在紫禁城北面城墙的正中。南北两门在一条直线上，与紫禁城外门端门、皇城正门天安门、京城正门正阳门、南外城正门永定门都是正对着，都位于北京城的南北中轴线上。午门的奇特之处在于正面开三个门洞，左右建两翼式城墙，当中即阙的空间是午门外广场。古时宫门前竖两观以标表宫门，登其上可远观，人臣将至此，则思其所阙（见《古今注》）。另古代还有在墓前立两石，如华表亦名阙，其意与门前之阙同。所谓天阙，就是皇宫大门之意。双观城墙上建联檐通脊廊庑，南北两端各建崇楼一座，为阙上两观，又与午门正楼合为五座，因而俗称五凤楼。两观的北端东西相向各开一个随墙的门洞，东观下的洞口名左掖门，西观下的洞口为右掖门。进掖门，洞口折而北转，出口处与午门正面三个门洞出口处平行。所以午门的门洞从正面看是三个洞口，从后面出口看是五个门洞。这样处理是由于有东西两观城墙，不能像承天门和端门那样在正面开辟五个平行门洞口，而用左右掖门补足。这样既达到五个洞口，又在使用上符合等级制度上的要求，在外观上灵活而不呆板。

午门门楼高达三十五米。其建筑面积为六千五百八十三平方米。从古代建筑角度看，午门城阙是唐宋以来皇宫正门形式的延续，两翼合抱，是出自防御更加严密的需要；而从设计上看，是为了突出皇宫的尊严。进承天门以后，又经一道端门，夹道两旁是较低的朝房，到午门前再出现一个豁然开朗的空间。此阙形成三面包围的封闭性的广场，显得城楼格外庄严和高大，门禁也更加森严。这是因为作为皇宫的正门要比其他城

日晷

嘉量

门显出更为高贵和尊严的气势。

雄伟的午门城楼和两观楼上的廊庑亭阁是一组完整的建筑群。四座亭阁式崇楼各有一个镏金的金顶，因此午门又带有华贵气息。它是皇宫千门万户中第一个“高峰”，名义上是正门，实际上并不是专为出入而设，而是兼有朝堂的作用，所以也叫午朝门。按照封建王朝的规制，每年冬至，皇帝要在午门向全国颁发新历书，叫作“授时”。午门前有两座石亭，一边放日晷，一边放铜制的量具——嘉量。这两种器物，一种代表时间，一种代表计量法制。这是人类从事生产和生活不能缺少的两种计量工具。形成国家以后，这些便成了代表皇权的建筑陈设：日晷表示向人民授时，嘉量表示向全国颁布的度量衡。

午门前一直是封建统治阶级举行“献俘”仪式的场所，明清两代自不例外。从历史上看封建社会后期，无论是“盛明”，还是清代乾嘉盛世，农民起义及少数民族的反抗，一直是此伏彼起。反动的封建统治阶级在镇压和杀戮农民（或少数民族）之后，总要把一部分俘虏押解到北京举行“献俘”仪式，把俘虏从前门经千步廊、承天门、端门解至午门，沿路禁军森严，充分发挥了这一系列建筑物所拥有的凛然至尊的威慑功能。皇帝在午门城楼设“御座”，亲临审视并亲自发落，一面展示“天威”，一面是鹰犬报功。皇帝经常对俘虏使用极毒的一手，赦免后让这些战俘或他们的族属在北京划地定居，在皇帝近旁的牢笼下，他们世世代代再也不能回原籍去“犯上作乱”。据传北京有不少以少数民族命名的地方，如魏（维）公村、苗子营、回子营、达智（鞑子）营等，就是这样形成的。北京少数民族的成分较其他一些大城市为多，就是因为有过这么一段血泪史。

明代还在午门前举行一种特殊的刑罚——廷杖，这是专为对付冒犯皇帝的臣子而施。《明史·刑法志》记：“廷杖令锦衣卫行之。”午门前东西两侧设有锦衣卫直房，凡大臣有违背皇帝意愿（即忤旨），即令锦衣卫当场逮捕，并在午门前行刑拷打，然后下“诏狱”等候处决，一般被廷杖者十之八九会被当场打死。明正德朝朱厚照是一个极为昏庸荒淫的皇帝，他的贴身太监刘瑾，也是他的特务机关——司礼监的头子，兼提调东厂。刘瑾经常假借朱厚照的命令，廷杖异己，最后刘瑾也被拿问，拿列午门前御道东跪，被洗剥反接（即剥光衣服，倒剪双臂捆绑），二当驾官揪其脑发，一棍插背挺直，复有一阔皮条套其双膝扣住，五棍一换。午门前的廷杖大致如此。刘瑾廷杖后遭处决，他生前勒索搜刮来的大量财产——黄金、白银百万两以上，以及不计其数的财宝，统统归朱厚照所有了。

紫禁城的东西两门——东华门和西华门并不是处在城的中

段，而是偏南，这种安排是由于宫殿建筑布局上的要求。紫禁城里的宫廷分外朝和内廷两大部分，所谓外朝就是三大殿，是皇帝举行大典和处理日常政务的地方；内廷则为三宫和妃子居住的东西六宫的区域。午门只有举行大典才开启，平日官员出入多走东华门；西华门直通西苑，是内监司事经常出入的地方，因此形成东华、西华两门和午门接近的局面。

午门之后出现一个广场式的庭院，面积约两万至三万平方米，当中横贯一道内金水河，由西蜿蜒而东，整个河道由玉石栏杆围护，当中有五道玉石雕砌的石桥，河流弯曲形如玉带，因而又名玉带河。设计这样大的一个庭院，又开挖这样一道内金水河，从建筑角度来看是大阖大开的手法，是在到达金銮宝殿之前的一种渲染。河道使午门和奉天门（明嘉靖朝改皇极门，清代改为太和门）起了隔断作用，而内金水桥又成为纽带把它们联系起来。奉天门是奉天殿的大门，如果离午门太近，那就会被这一座高大的建筑群所压制，而有损它的独立性。于是设计了一个大型的庭院并加一道弯形河道使之隔开，以突出奉天门的地位，而五座石桥又成为它的前奏和纽带。奉天门虽比午门低，但通过河与桥的衬托、渲染，反而增加了气魄。

太和门是一座崇基的殿座，面阔七间，横广五十八点八二米，纵深三十点四三米，是紫禁城内最晚重建的建筑（1885年遭雷火焚毁，光绪大婚后重建）。一般说来，皇宫里的正门都不是专为出入而设，这个奉天门也称作大朝门，是作为殿堂使用的设朝之所，所谓“御门听政”就在这里举行。门前的建筑以及装饰物也较突出，最引人注目的是台基下的一对色泽斑斓的铜狮，高大身躯踞坐在汉白玉台座上，造型威武优美，给大朝门增加了壮丽严肃的气氛。门左还有一座小石亭，据说在颁发诏书时，先将诏书放在亭内，所以又称诏书亭。门右有一石匣，《郎潜纪闻》中记载里面装有五谷、红线、金银元宝之类。有的记载说它和宫殿正脊所放置的“宝匣”同类，属于“厌胜”之物（即镇物）。如果把“诏书亭”和盛金银五谷的石匣对比，倒反映出封建王朝对劳动人民的一取一予，给予百姓的是号令；取于百姓的则是钱粮布帛。所谓“御门听政”无非是统治阶级向全国宣示至高无上的权威而已。

奉天门前庭院东西都有对称的廊庑。东廊辟一门叫左顺门（后改会极门，清代改名协和门）；西廊辟一门叫右顺门（后改归极门，清代改名熙和门）。这两座门都通东华、西华两门。此外，和奉天门平行的还有两座角门，都通奉天殿庭院（东角门后改弘政门，清代改名昭德门；西角门后改名宣治门，清代改名贞度门）。据明代所绘宫殿图所示，奉天门左右原是斜廊式建筑，外观玲珑华丽，与玉带河相互交映，宛如一幅用界线画法所绘制的仙桥楼阁的画卷。现在的奉天门左右却是奉天殿南庑的后檐砖墙，比起明代建筑显得森严呆板。这种形状是清初所变革，由于清朝是满族上层统治集团所建，当时民族矛盾尖锐，所以在皇宫中加强防御性措施，使原来的开敞式廊庑变成封闭式砖墙了。

第五节　三大殿——太和殿、中和殿、保和殿

外朝宫殿主要建筑是三大殿，位置在太和门之内三万多平方米的大庭院里。奉天殿、华盖殿、谨身殿是最初的名称，明中叶改为皇极殿、中极殿和建极殿，清代又改为太和殿、中和殿、保和殿至今。三殿自成一组，为叙述方便，就以今名称谓。三殿前后排列在一个三层汉白玉“工”字形须弥座台基上，每层和龙墀边缘都绕以白玉石栏板，望柱上还雕有精美的龙云图案。台心高八点一二米，边缘高七点一二米，总面积两万五千平方米。从建筑设计上看，其他建筑如廊庑楼阁都匍匐在它周围。长长的甬道，辽阔的庭院，再经太和门前一系列建筑的渲染和三台的衬托，使三殿成为整个皇宫的巅峰。从奉天门北望这座重叠起伏、玲珑秀丽的三台，像是白玉砌的山峦。伸出台面的石雕龙头嘴中有圆孔与栏板下凿出的小洞口相通，

龙头排水

雨水除从龙墀阶台流下外，都是通过这些龙头和小洞分散排泄到地面。在大雨之季，从远处展望龙头出水，大雨如白练，小雨如冰柱，千龙喷水，蔚为大观。

太和殿是封建王朝的金銮殿，皇帝坐朝的殿堂，明初取名奉天是根据儒家的天命论，说成皇帝是奉天之命来统治人民的，所以称为天子。因而古代有所谓传国玺作为代表上天统治万民的印信，刻有“受命于天既寿永昌”八个字。明代中叶嘉靖朝重建时改名皇极殿，其意是皇建无极、永远统治的愿望。17世纪清代改名太和殿，其意又是万年和顺，所谓国泰民安。

太和殿最早建于明永乐十八年（1420），九个月后因雷击而焚毁，在整个明代重建有两次，耗尽天下财力民力，现在的太和殿是17世纪清康熙年重建的。它的殿顶是宫殿中等级最高的四大坡庑殿顶，殿身由地平至屋脊高三十五点零五米，横广六十三点九六米，面宽九间，左右各有一夹室，外面不设门。进深五间，深三十七点二米，殿内净面积三千三百八十平方米，天花板下净高十四点四米。大殿堂按四柱之中空间为一间计算，共由五十五间组成，由七十二根柱子支撑。开间正中是六根金井柱支托藻井，柱身沥粉贴金云龙，其余殿柱俱涂朱红油漆。殿内正中有一个约两米高的地平台座，上面设置雕龙宝座，两旁有蟠龙金柱，天花板上藻井倒垂金龙戏珠，照耀着宝座。

太和殿是皇权的象征，因而这个殿堂主要是举行大朝会时用，例如新皇帝登基（即位）、向全国颁布政令和诏书、接受朝臣的祝贺等。虽只有每年固定的数次庆典，且使用率很低，但庆典之际却异乎寻常的隆重铺张。譬如祭天坛，参加人员要达万人以上，从太和殿排列的仪仗直至天安门外，至天坛沿途

太和殿丹陛

警跸羽林军又排列若干。又如在太和殿受贺时，庭院中陈设卤簿和范金铸的官员品级山图，文武官员按照文东武西品级次序排列成行，面向殿座跪拜及行三跪九叩礼。一般只有王公、阁相才能在三台上，其他官员只能在庭院，低级官员则在太和门外。朝拜时殿廊下设中和韶乐，大朝门设丹陛大乐，太和殿露台上还固定设有日晷、嘉量、铜龟、铜鹤。铜龟、铜鹤象征长寿，在其空腹中点燃香檀木，由口中喷出袅袅香烟，弥漫宫廷。在举行典礼时金钟、玉磬齐鸣。从八米多高的三重台阶下仰视高三十五米的大殿，充分体现空间高低对比及建筑艺术的恢宏，这一切都是用来衬托皇帝之尊的。

品级山

太和殿重檐庑殿，上檐用九踩斗拱，下檐用七踩斗拱。屋面铺二样黄色琉璃瓦，体制最尊、构件最大。按琉璃瓦件在清代分为十等，术语称为“十样”。一样无编号，十样有编号而无实物，因而最大的从二样开始九样结尾。在琉璃窑老账簿上有“上吻”一名，体积大于二样但未见实物。太和殿正脊两端安装的二样吻，其高度三点四米，重量三千六百五十千克，总计十六件组成，紧紧吻住正脊，其名正吻，又称龙吻。在垂脊岔脊下部的筒瓦，则安有塑造成立体形象的琉璃人物和飞禽走兽，等级高的殿脊可排列十一种。它的排列次序是前端为仙人骑凤，往上为一龙、二凤、三狮子、四天马、五海马、六狻猊、七押鱼、八獬豸、九斗牛、十行什。从仙人骑凤到行什总数十一。这些瓦件是沿袭宋代傧伽的遗制，明清只稍有变化而已。

从建筑角度看，龙吻和飞禽走兽等都是从实用的角度产生

十一种脊兽

的，在正脊和垂脊交接处是整个屋顶互相联系的错综环节，为保护这一部位不致遭受雨水侵蚀而松散脱裂，用陶制构件笼罩，并使之衔接稳定，于是出现了“吻”。垂脊坡度较大，为防止瓦件滑落和脱裂，须将下端脊瓦钉在脊梁上固定住，长钉上面罩以陶制器件就不致因雨水侵蚀而造成渗漏了。古代哲匠在长期劳动实践中结合实际创造出各种水兽飞禽等艺术形象，于是逐渐形成“龙吻”以及各种脊兽，成为建筑艺术品，但封建统治者却从劳动人民手中霸占垄断了艺术创造，使它成为封建统治者的独享物品，而且在吻兽脊的形状、数目、大小上都有严格的规定，同时建筑物的开间、尺寸、结构以及形状、砖瓦种类、台基高低等，都按封建社会的等级而有所区别。太和殿的十一个脊兽是数目最多的，也是尺寸最大的，这是中国古代建筑中等级制的具体表现。

这些装饰性的屋顶覆件都是麟类、羽毛类的兽类，而且又是自古以来传说中的稀有动物。帝王宫殿用这些传说中的动物形象，塑造成立体的琉璃瓦件，好像是拱卫着宫殿。皇帝自称“真命天子”，并称天下一统，奄有四海珍禽异兽齐集来朝，如传说中龙为麟虫之长，形体能长短变化。古书《易经》有“飞龙在天”的话，象征最高统治者，其后封建王朝各代均以龙为至尊，在帝王宫殿上则以龙的图案为主题。明清两代统治者对于这些琉璃塑造的珍奇神灵视为至尊，尤为龙吻，一吻制成，在安装之前要派品级至高的大臣赶赴窑厂迎接，在安装时还要焚香，行跪拜仪式。再查有关书籍还有如下记载：

狮：忠直之兽，狮子怒则威在齿，喜则威在尾，每吼百兽辟易，佛家以狮护法。

龙：飞龙在天，龙未飞上天为蟠龙，鳞虫之长。

凤：凤为飞禽之首，人视之为神鸟，古语“有凤来仪”以象征祥瑞。

麟：仁兽，传说在古代盛世出现。

天马、海马、狻猊：或称龙种，或称忠直勇兽。

猴：寿八百。

鹤：羽族之宗长，仙人之骐骥。

獬豸：《异物志》谓之忠直之兽（御史补服图案），见人斗则以角触不直者，闻人争则以口咬不正者。

太和殿的间数是横九纵五，是根据古书九五为尊之说。九为阳数最大，超过九便须循环进位从零开始。宫殿门钉以九数为一行，横竖积累九个九总数为八十一，不但如此，凡最大最庄严的建筑大都采用九的数字，如天坛圜丘坛石砌，按九个方向分别砌成一至九块汉白玉石。于是封建统治者连这个数字也垄断了，九五之尊也是皇帝之称。

现在我们看到的太和殿东西两侧各有半间夹室，这是由平廊改建成的。明代奉天殿的东西两山都是平廊，由三台上的斜廊连接东西廊庑，造型玲珑。明代内阁档案中遗留下来的《皇城衙署图》，皇宫部分犹能清晰地看到绘有斜廊，清代康熙朝初年斜廊尚在。根据清代内阁黄册档簿，在康熙十一年（1672）维修工程册中也还记载修缮太和殿、保和殿平廊、斜廊，由此可知明朝一代和清初三大殿都是开敞式，两山都是平廊连接斜廊。

康熙十八年（1679）太和殿被烧，据清康熙朝工部营缮司郎中江藻所著《太和殿纪事》中记，到康熙三十四年（1695）才开始重建，至三十六年（1697）完工。《太和殿纪事》中仍记太和殿为九间，书中附有太和殿图，看两侧还有平廊，只是斜廊部分改为红墙了。至于平廊在什么时候改变夹室的，尚没有发现明确记载。夹室之名最早见于《清通礼》，这部书初修于乾隆朝，续修于嘉庆朝。那么，夹室的出现若不在康熙三十六年重建时增改，则是在雍正、乾隆两朝所建有。乾隆、嘉庆朝时所记太和殿为十一间，是将夹室列为正殿之内计算得来之数。

太和殿东西平廊成为夹室不设门，装修不用高大通天菱花隔扇门，而是下砌槛墙，装以小型菱花槛窗。夹室两旁各有山墙，这样改建估计是为了消防，明代几次大火都是三殿及东西廊庑同时俱烬。1959年，院中维修三殿东西廊庑，惊奇发现每隔五间均有隔火砖墙一道，直达屋顶，这应是最后重建时所添建。斜廊不设，除加封闭性外，可能亦有此原因。

中和、保和两殿与太和殿是一组建筑，但三者形状各不同。中和殿是清代之名，在明初建成时名华盖殿，中叶一度改名中极殿，位于太和殿之后。中和殿为金銮殿之一，它是一座四角攒尖、镏金圆顶、单檐、正方形，如穿堂之制，很像亭子式的建筑，四面是菱花隔扇和菱花槛窗。它的主要用途是供封

三大殿鸟瞰图

建皇帝去太和殿举行大典前做稍事的准备，如每年冬至祭天，这是一次大型郊祭的庆典。封建王朝在宫门之外建坛致祭名为郊祭，自命为上天之子的皇帝在这时向天汇报，并祝来年国泰民安，将告天神的祝版事先在这大殿中审阅。

保和殿为金銮殿的第三座殿。明初名谨身殿，后改建极殿，明末曾一度称位育殿。保和殿是清代称谓，一直沿用至今。保和殿顶是歇山式即庑殿顶再加一个悬山式顶，这样屋顶外形有正脊、垂脊、岔脊三种，整个屋顶横竖斜脊共九条。两重屋檐共七间，规制比太和殿要小。每年年终时皇帝举行大宴会也在此殿。

在世界建筑史上，中国木结构建筑有其独特的创造性，是一支重要的建筑源流。这三座大殿无论在整个结构，还是各个部件，从基础到屋顶，从建筑装饰到施工，都能代表中国古建筑的特点，可以说是中国木结构建筑的最高典型。明清两代北京发生的多次地震，尤其康熙十八年（1679）的大地震中，北京民宅倒塌数以万计，但三大殿安然无恙。这是因为中国木结构侧脚工艺、榫卯工艺和地基分层夯打工艺都具备刚柔相济的结构，具有独特的吸收震能之功能。

三座大殿都是金銮宝殿，除大朝外，这里还是举行殿试的地方。原来殿试在太和殿廊庑举行，清代主要在保和殿进行。

所谓殿试，就是封建社会最高级的科举考试，属于国家大典，皇帝亲自考试，考试内容大体是回答皇帝如何巩固皇权统治的政策方法，以及阐述孔孟之道。殿试一般说来不会再有淘汰，只不过根据皇帝亲自甄试后，重新安排一下名次而已。例如清代末一次会试的第一名（会元）为谭延闿，但殿试后却成了第八名，赐进士出身。殿试要在两三天后发榜、揭晓，与考者分为三个等级：一甲为进士及第，照例只有三名——状元、榜眼、探花；二甲若干名为赐进士出身；三甲若干名赐同进士出身。二甲第一名称为传胪。发榜前由礼部官员在保和殿唱名宣布名次，然后捧黄榜率进士出东长安门。这些考中者便登龙门，身价百倍，成为统治集团的成员。

科举考试是三年一科（例如乡试为子、卯、午、酉年，会试则错开一年为丑、辰、未、戌年），一个读书人由童生、秀才、举人、贡士到成为进士要经过层层筛选，只有极少数人能取得殿试资格。这一类由正途出身爬上来的士大夫，凭借这种资格，即可列入统治集团之中。

1644年李自成起义军攻入北京，军师宋献策和将军李岩看到一批明朝的士大夫从崇祯皇帝棺柩前经过，传言发表了一通颇有见地的议论，一语道破科举制度的实质：

明朝国政误在重科举，循资格，是以国破君亡，鲜见忠义……其新进者盖曰："我功名实非容易，二十年灯窗辛苦，才博得一纱帽上顶。一事未成，焉有即死之理？"此制科之不得人心也。而旧任老臣又曰："我官居极品，亦非容易，大臣非止一人，我即独死无益。"此资格之不得人心也。

后来清军攻入北京，在国子监出现了一条"揭贴"（即小字报），上写"谨奉大明锦绣江山一座，年愚弟文八股敬赠"，简直是对科举制度辛辣的讽刺和控诉。此虽系私人笔记传言，但却反映了封建王朝衰亡时期政治之弊。

三殿还有一项重要用途——宴会。皇朝每年要举行若干次宴会（包括在太和门、午门等地），按规模有所谓大宴、中宴、常宴、小宴之类。仅大宴一项就包括郊祀天地后举行的元旦、冬至、皇帝生日宴会，这三次是固定的。还有派将出征授印仪式，当然还有宫殿落成、大封功臣等宴。至于会武宴、恩荣宴、中秋、重阳、立春、端午以及接待使臣等宴，名目繁多不及备载。在三殿举行的多是大宴，凡赐宴，文武官员以上及诸学士，武臣都督以上皆宴殿上；经筵及翰林讲读、尚宝司卿、六科给事中及文臣五品堂上官、武臣都督指挥以上官，宴中左、中右门；翰林院、中书舍人，左右春坊、御史、钦天监、太医院、鸿胪寺官及五品以上官宴于丹墀。

明代政府有一个庞大的官僚集团，三殿及所属宫门容纳不下这么多人。赐宴之日，其位卑禄薄者免宴赐以钞，谓之节钱。这样大的宴会究竟能容纳多少人？史书上没有明确记载。但从明代光禄寺（专门供办皇宫膳食和宴会的机构）的编制可以推测，据载寺额（即每年用度）岁定银二十四万两……至正德时用至三十六万两，犹称不足。嘉靖中厨役用四千一百名。再如英宗初，减光禄寺膳夫四千七百余人，由此看来皇宫的厨师要保持四千多人的名额，那么，大宴的规模不会少于万人。

第六节　文华殿与武英殿

在三大殿的范围，东西都有左右对称的廊庑、楼阁。太和殿东庑正中有文楼，清代名为体仁阁。西庑正中有武楼，清代改为弘义阁，都是两层式的重楼。明代皇帝有时在这阁中与亲信大臣谈古论今，商量政务，明代大类书《永乐大典》正本，传一度曾收藏在文楼。到了清代，政治活动除大朝会之外，多在内廷进行，于是体仁、弘义两阁遂成皇宫中存贮什物的库房。体仁阁之左有一门名左翼门，东出即皇宫中之外东路地区；弘义阁之左有一门名右翼门，西出即皇宫中之外西路地区。在三大殿一组建筑的四隅各有崇楼一座，其制如都城宫城之角楼，都有左右对称的格局。这些大小高低的廊庑朝房，与三大殿互相交错起伏有致，使建筑外观一扫长脊呆板的感觉。

在太和门外东庑中间方向，在内金水河之南有一门，明代称会极门，清代改为协和门，俗称东牌楼门，东出有自成一组的文华殿建筑，位置在东华门以内，太和门外西庑有一门，明代叫归极门，清代改名熙和门，俗称西牌楼门，西出有一组武英殿建筑，位置在西华门内。这两组宫殿东西对称，与三大殿同属外朝部分，在建筑布局上是三大殿的左辅右弼，同时又是内廷东西两路的前卫。在体制上它们是三大殿的偏殿，所以屋顶形式是单檐歇山，只有小型配殿亦无廊庑围绕。它的台基高仅一点六米，如果把太和殿比作巨人的话，文华、武英二殿则是它下垂的双臂。

明代初年文华殿是所谓“东宫太子”出阁读书之所，屋顶用绿琉璃瓦装饰。《万历野获编》载：“太子出阁设座于文华殿。自嘉靖十五年改易黄瓦，仍为之上开经筵之所。”就是说在嘉靖十五年改用黄琉璃瓦，颜色升了一级。每年春秋两季还在这里举行讲学，称为“经筵”，君臣之间相互阐发儒家经典，并阐述古代经书即《诗》《书》《易经》《春秋》等。在文华殿后有一座小型建筑叫传心殿，是皇宫内供奉尧舜禹汤到

文华殿

周公孔子神位的殿堂，从历史流传的唐尧虞舜开始，以下为夏禹、商汤、周文王、周武王、周公，直到孔圣。所谓传心就是传的古代这些人治理国家的心得、经验。

清代沿袭明旧制，仍在此举行经筵。因清代后来不立太子，故无太子出阁读书之事。到清代末西方列强侵略中国，文华殿曾做过接见外国使节的地方，所以这个小小的偏殿在国际上却大有名气了。

文华殿的对面，紧靠紫禁城墙有一座建筑是内阁，向全国的统治政令即由此发出。明代初年内阁之东有著名的藏书楼——文渊阁。现在故宫中内阁大堂之东有清代的实录库、红

内阁

本库、銮仪卫等五座建筑，都是木骨架用砖石封闭的建筑，其中收藏档案书籍等物，应即明代文渊阁旧址。1958年在这几座库房附近，由地下发掘出明代古今通籍石碑一通。清代乾隆年间编辑《四库全书》，特在文华殿之后，仿照浙江海宁范氏藏书楼天一阁的形式另建文渊阁，阁顶装饰琉璃瓦，使用“厌胜”防火之法，颜色以冷色为主，琉璃瓦件用青、绿色，彩画图案以水草龙云纹为题材，两山青水砖墙不涂红色，整个建筑极为清新可喜。阁前有小石桥，内金水河迂回东去。太湖石叠山松柏交错，环境清幽恬静，是皇宫建筑群中有独特风格的建筑。

武英殿

三大殿之西的武英殿也是外朝中的一个偏殿，与文华殿相对称，体制相同。不同之处是内金水河从武英殿门前东流，从文华殿殿后文渊阁前东流。两殿额名似是文华谈文、武英论武，而实际并不如此。明代初年皇帝曾以武英殿作为斋戒之所，皇后也曾在此接受命妇（高级官员的配偶）的朝贺，但更多的时间是在这里从事文化活动，如皇帝经常从内阁中书衔的官员中召集能写善画者在这里编书绘画。只是在明末出现了武事，一是农民起义领袖李自成进军北京、直捣皇宫，推翻明朝政权后曾在武英殿宣布大顺王朝成立，后来清人从东北进入山海关，联合明朝残余势力赶走李自成；另一是清朝摄政王多尔衮进京占据明代皇宫后，也在武英殿董理政事。武英殿除了这两件含有武事，此外再也没有了。

清代康熙朝在武英殿成立了修书处，集合文人学士在这里编写书籍。这时正是18世纪初期，中国印刷术已有了较大的发展提高，因而在武英殿里开办了一个印书工厂。这个工厂曾用铜活字版印了一部大类书《古今图书集成》，这是仅次于明代《永乐大典》的巨著。《古今图书集成》全书一万卷，分五千二百册，这样大部头的书籍，用铜活字版印刷是一件了不起的事。活字版就是先用铜刻制出各个单字，要印书时用单字排成印版，书印成后拆了版的单字仍然可以利用，再排印其他书籍，这方法和后来铅印书籍排版法一样。这种技术远在11世纪宋朝时已发明了，不过当时是用胶泥制成活字，后来用木刻活字，在西方国家直到15世纪才发明活字印刷术。在18世纪中国皇宫里用金属活字印行《古今图书集成》这样大部头书籍，确实是印刷史上一件大事。

乾隆时期继续在武英殿集合文人学者编辑书籍，《四库全书》馆就设在这里，除编书外也翻印古籍。书版有整块的木刻版，有木刻活字版，木刻活字版就是有名的聚珍本。武英殿翻刻的书籍只准许全国文人购买。当时手艺最高的排版工人大都集中到皇宫印书工厂，我国特产的开花纸、连史纸等上等好纸也都垄断在皇宫里。当时许多学问渊博的读书人被召进宫，整日在这里精勘细校，所以武英殿印行的书都是用较高工艺刻制的书版，纸墨精良、校勘详审，跟坊间一般的刻本大大不同。因为这些书都是在皇宫里武英殿中刻印的，所以通常叫作殿本书。

在武英殿之北还有一座仁智殿，俗呼白虎殿，曾在明代做过皇帝停灵之地，但很长时间直到明末这里都是皇宫的画院，如《明良记》记载："孝宗尝至仁智殿观钟钦礼作画。"《稗史汇编》载：

> 成化朝江夏关伟画山水人物入神品，宪宗召至阙下，待召仁智殿，有时大醉，蓬首垢面，曳破皂履踉跄行，中官扶掖以见。上大笑，命作《松泉图》，伟跪翻墨汁，信手涂抹，而风云惨淡，生屏幛间。上叹曰："真神笔也。"

仁智殿在清朝曾作为总管内务府机构。在其地设有造办处，建有多种工艺品制造工厂，同时承袭明画院之旧，亦设画院于此。

武英殿西耳名浴德堂。其后有一穹洼圆顶建筑，由外通进水管似淋浴室，室内砌满白色瓷砖，清末流传此处为弘历（乾隆）维吾尔族香妃之浴室，笔者认为此说不确，另有文述（请参阅拙作《故宫武英殿浴德堂考》一文）。

在武英殿南斜对面偏西有五间小殿，和东西配殿自成一区，名南薰殿。“南薰”二字是由古代《诗经》中的“南风之薰兮”而命名的，则此地应为紫禁城中纳凉之所。在新中国成立后维修此区殿座时，发现座院当中地下芦根满布，估计明代时殿前是一池沼，曾种植荷苇，可证明这一小殿群的用途了。明人彭时所著《纪录汇编》中载：

> 庚辰年四月六日，上御南薰殿召王翱、李贤、马昂、彭时、吕原五人入侍。命内侍鼓琴者凡三人，皆年十五六者，上曰：“琴音和平，足以养性情。曩在南宫自抚一二曲，今不暇及矣。”因皆叩头曰：“愿皇上歌南风之诗以解民愠，幸甚。”

据此可以肯定南薰殿是悠游之所，此后明代又曾命承值学士在此殿缮写帝后册宝。到了清代乾隆时期，又将宫中旧藏历代帝后及功臣像排比成册，庋藏其中，一般称之曰南薰帝后名臣像。清嘉庆时胡敬曾按其庋藏次序编写一部《南薰殿图像考》行世。

南薰殿台基不高，开间平稳，是明代原构规式。殿中彩画

南薰殿藏宋
仁宗皇后像

精致无比，一般天花支条彩画两端习惯上只画燕尾图案，而南薰殿天花支条则满画宋锦，与宋代织锦图案相仿。一进殿内举目金碧辉煌，藻井彩画亦独具风格，精细繁缛，紫禁城中各宫殿藻井画格之富丽，此为第一。

南薰殿南墙为一道小城，与门外的逍遥城连成一条线，小城有券洞，其外南距紫禁城南城垣不远。明汉王高煦由于反其侄洪熙帝，被洪熙帝缯至铜缸中，在逍遥城东头火炙而死。这是封建王朝皇宫中侄皇帝烧死叔叔的故事。到了清代，从熙和门到西华门角楼东逍遥城遗迹一带，就都是库房建筑了。

附

故宫武英殿浴德堂考

北京明清故宫外朝武英殿西朵殿浴德堂，在堂后有穹隆形建筑，室内满砌白釉琉璃砖，洁白无瑕，其后有水井，覆以小亭。在室之后壁筑有烧水铁制壁炉，用铜管将水通入室内。其构造似是淋浴浴室，属于阿拉伯式的建筑。辛亥革命后，1915年在故宫外朝地区成立古物陈列所，从热河避暑山庄运来陈设文物，其中有画轴数万件，另有美人绢画一张，油画十九张。（据《古物陈列所搬运清册》）油画中有一张戎装女像，所画人物妩媚英俊，是一张宫中习称的“贴落画”（即只有托裱并无卷轴之画）。古物陈列所指为是清代乾隆的回族妃子号香妃者。按乾隆确有回妃（维吾尔族），在清代后妃传中是和卓氏女，号容妃，不名香妃。在乾隆二十一年，大小和卓反清，在乾隆二十四年为清廷所平定，迁其妻孥于北京，一般传说乾隆是在此时纳其女入宫者。亦有学者对此时间有不同意见，有谓在乾隆二十一年前即已入宫者。据乾隆时清宫内务府档案，在乾隆二十五年档中，始见回妃和嫔之名，其后晋升为容妃。据此，容妃是在平定大小和卓后始进宫，时间似颇近之。

按清代帝后画像，有生前的行乐图，有死后的影像。在帝后死后，影像藏在景山寿皇殿中，以便岁时供奉。行乐图在帝后生前藏于宫中，死后与影像同贮一处，间亦有帝后影像在宫中辟室供奉者，事属个别，此例甚少（溥仪出宫后只见同治后之像在西六宫悬挂）。而所有影像均裱成立轴，以贴落存者在行乐图中则有之。所谓乾隆的香妃画像，即为贴落。按帝后妃嫔等画像，不论是属于影像或行乐图，均应有帝后妃等的封号，影像则要写上死后的谥号，一般都无臣工画家题款之例。检故宫所藏《宫廷画目录》，在行乐图上有画家题款者，只在乾隆一幅行乐图上见之，其他各朝则未之见。至于后妃行乐图上，则从无画家署名。影像只在画前封首写明某后某妃某嫔的封号，用以识别所画者为谁。承德避暑山庄运来的所谓香妃画像，既属贴落，当然无轴封首，不能注明为某妃，若真为一个妃子画像，亦不能有画工之题款。此画多年来传说为西洋人所绘。惜原画像远在台湾省，北京存有30年代的摹本。1915年亲与搬运承德避暑山庄文物的曾广龄先生，还健在之时，余向曾老请教此事，答曰：原画上有一黄签，题为“美人画像”数字，据此则非后宫有名号之妃嫔可知。按古代有以美人称后宫者，如汉代后富有昭仪、婕妤、美人的封号，而受封者亦冠以姓，以资区别，知为谁氏。清代后宫则无美人之称。旧古物陈列所指此美人画为乾隆之妃，并冠以“香妃”二字，不知何所依据？查香妃之名，在清朝晚期始传，辛亥革命后流传又广，大约古物陈列所得见此由热河离宫运来的戎装女像，遂附会为乾隆的回妃，随之乾隆的容妃也就变为香妃。武英殿浴德堂后类似阿拉伯式的浴室之建筑，遂名为香妃浴室。旧古物陈列所并将戎装女像悬于浴室门楣上，又复制画片高价出售，加以宣扬。经此陈列布置，将仅资谈助无稽传说的故事，竟构成史实，好事者视为清宫秘史中的艳事，争欲一睹。于是古物陈列所门庭若市。这种旧社会的怪现象，七十年来一直有人津津乐道。

案故宫外朝宫殿，在清代均属处理王朝大政之地，后妃嫔御均不能到，有清一代二百多年中，只有小皇帝所谓大婚时，其皇后所乘凤舆可由外朝地区穿行到后宫，即使与后同时所选之妃，亦只能由紫禁城北门神武门进内。在清末同治、光绪两朝，钮祜禄氏（慈安太后）、叶赫那拉氏（慈禧太后）以太后身份垂帘听政，也只能在内廷乾清宫养心殿进行活动。虽尊为听政的太后，亦不能踞坐外朝金銮殿中。独揽朝政四十七年的叶赫那拉氏，亦不敢违背封建王朝敬天法祖的训示。武英殿为三大殿的偏殿，是属于帝王日常行事的朵殿，其性质类似宋代皇帝经常在延英殿理事一样，不能视为与内廷六宫相比，可以随意选择居住使用，更不可能在外朝宫殿设有后妃沐浴之所。

封建皇帝每年过生日，尤其是在举行大寿典礼时，都是要在太和殿受王朝臣工祝贺。以叶赫那拉氏太后之尊，权势之大，在她举办五十、六十大寿典礼时，也未在外朝举行。武英殿在紫禁城西华门内，毗连西苑中南海，叶赫那拉氏当权时，偕载湉（光绪）在去西苑或颐和园时，均出入西华门，亦不穿行外朝中路。五十年前闻之曾随侍叶赫那拉氏御前首领太监唐冠卿、随侍太监陈平顺言，当西太后出入西华门路经武英殿石桥，所乘肩舆还要挂帘掩照而过。1894年叶赫那拉氏办六十大寿时，曾命宫中画师绘《万寿图卷》，也是由西华门画起，直到颐和园，外朝宫殿也没有悬灯结彩的画面。

旧日北京大学历史学教授孟森先生所撰《香妃考实》，既考定香妃之讹，更否定浴德堂为香妃浴室，而以古代帝王宫殿必具庖湢以释此浴室所称。庖即庖厨，湢即浴室，遂举武英殿浴室和文华殿大庖井为证。孟森教授所释，合于古礼。在孟师健在之时，我曾拟再从历史上纠正传说中的香妃及浴室之无稽，再从建筑史上考证阿拉伯式浴室之由来。

案“浴德”二字，来自儒家经典，《礼记·儒行篇》有“浴德澡身”之语，注疏说：“澡身谓能澡洁其身不染浊也。浴德谓沐浴于德以德自清也。”宫殿中有以“浴德”题额者，均属比喻之意，非真指沐浴身体而言。在明清故宫中，除

浴德堂西井亭

武英殿浴德堂之外，还有浴德殿（重华宫西配殿），在圆明园里还有澡身浴德殿、洗心殿等题额，但都非浴室。乾隆还有“澡身浴德”小图章（见《乾隆宝薮》）。据文献记载，武英殿在明代是召见臣工和斋戒之处，明代晚期曾命翰林、中书等文学官员在此编书作画。1644年农民革命领袖李自成攻进皇宫，推翻了明王朝，曾在武英殿坐朝理事。清代摄政王多尔衮，率兵从东北进关夺取农民革命胜利果实，踞坐武英殿发号施令。清代从康熙朝以来，到清代末年，武英殿一直是编书印书的场所，清代有名的纸墨精良、校勘精审的殿本书，就是指于武英殿所编刻的书籍。乾隆朝是最兴盛时期，编书人在浴德堂校勘书籍之事也明白写在清代宫史中。这样何能使宠妃沐浴其中？所谓香妃浴室之称，始于1915年旧古物陈列所，所凭借者：一为乾隆有回妃；二为武英殿浴德堂后有阿拉伯式浴室，竟猎奇将二者联系在一起，并结合传说中香妃事，于是竟指浴德堂为18世纪清朝乾隆皇帝为其宠妃香妃所建造者。

明清故宫是在元代大内宫殿废墟上兴建起来的，当元代统一全国时，朝臣在重用蒙古族人、汉人之外，回族人亦多，见于《元史民族表》。回族就有百多人参与修建元大都宫殿城池，其中有回人也黑迭儿（见陈垣教授所撰《回回教入中国史略》）。《元史·祭祀志》中记有回回司天文台，《元世祖本纪》记有回回医药院，元代《职官志》中有回回令史。元朝人在生活习惯上，逐渐脱离游牧之风，把蒙古、汉、回三个民族生活方式融为一体。蒙古族习惯上居室初无浴室的设备，大抵受了回族礼拜沐浴生活影响，而在大内宫殿则有浴室多处。在陶宗仪《辍耕录》中载："万寿山瀛洲亭，在浴室后。"又"延华阁浴室在延华阁东南隅东殿后，傍有盝顶井亭二间"。《元故宫遗录》载："……台西为内浴室，小殿在前。"在我们多民族国家里，浴室设备只有回族有特定形式。又《元史·百官志》载："元仪鸾局掌殿廷灯烛张设之事及殿阁浴室门户锁钥。”大内有专设管浴室锁钥的机构，是由于元代宫殿中浴室不止《辍耕录》和《元故宫遗录》所记的几处。

明代回族人亦甚多，明初时曾诏翰林院编修回回大师马沙亦黑等译《回回历法》（《明史·历志》）。《明太祖文集》中，给马沙亦黑敕文。永乐年派三保太监下西洋，三保太监即回族人郑和。明武宗也有回妃。元代大内宫殿在朱元璋攻破大都及定都南京之后，元故宫即荒芜。如洪武三年至十三年之间，在北平（北京）做官的刘崧、宋讷均有吊元故宫诗（见《钦定古今图书集成》）。刘崧写过：“宫垣粉暗女墙欹，禁苑尘飞辇路移。”宋讷《西隐文稿》有：“郁葱佳气散无踪，宫外行人认九重。一曲歌残羽衣舞，五更妆罢景阳宫。”这两人咏元故宫，都是描绘荒凉景象。在此以后，约于洪武十四至十五年间，大都宫殿即逐渐拆毁（参阅《元故宫的拆毁》一文），估计拆毁情况除象征政权的坐朝大殿之外，小宫、小院不一定全拆到片瓦不存。到永乐四年，在筹建北京宫殿时，元故宫才彻底拆尽。明宫用地范围在南面扩充到元宫外金水河一带。1964年中国科学院考古所徐苹芳同志为了考证元代宫殿位置，曾钻探地下土质多处，根据所得资料，现在的文华殿、武英殿左右约当元代外金水河区域。笔者估计，武英殿浴德堂所在地则应是元大内宫城西南角楼外地带。据《辍耕录》载，西南角楼南红门外，留守司在焉。留守司是一个较大的政治机构，不是一两间房子，而是成群的建筑。1958年清理坍塌倒坏的武英殿后墙的建筑遗址，此地在明代为仁智殿，又名白虎殿，在清代为内务府大堂。在刨挖地基时，于旧殿的砖礫墩下发现大石制作的套柱础，经鉴定是元故宫的遗物，衡量结果是该处为元留守司所在地。在成群建筑区，亦应有浴室在其中，以现在浴德堂结构布局证之，与元大内延华阁浴室有小亭和台西为内浴室、小殿在前之安排，极相吻合。现武英殿浴德堂浴室后亦有井亭，浴室在武英殿朵殿之后，亦即小殿建筑在其前头，布局与《辍耕录》《元故宫遗录》所记元代浴室情况相同。又浴室内部满砌白色琉璃砖，从砖质、胎釉看，是早于清代者。元代宫殿所用琉璃砖瓦是多种釉色的，非如明清两代以黄色为主，绿色次之。元代是杂用各色琉璃，尤其喜用白色。《元史·百富志》：“窑厂。大都四

元故宫留守司的套柱础

井亭石阑

窑厂领匠夫三百余户，营造素白琉璃瓦。”新中国成立后，对故宫进行维修时，在浴德堂附近地下发掘出元代白色琉璃瓦片，琉璃釉与浴室琉璃砖相似。1983年北京市文物工作队在阜成门外郊区发掘出一座元代白色琉璃窑，得残瓦片数千件，与浴德堂白色琉璃砖色泽亦相似。再以现存堂后井亭的石井阑情况论之，此井由于频年汲水，井阑为绳索所磨沟道多至十五条。沟道深度有超过五厘米者，这种现象非经历数百年使用，不能出此。若以六百年计之。其时间相当元明清三朝，绝不是清代乾隆一朝一个妃子沐浴用水能将石井阑磨损至此。根据种种迹象和历史资料，颇疑武英殿浴德堂浴室为元代留守司之遗物。旧北京崇文门外天庆寺，有窑式形状的古代浴室一座，与武英殿浴德堂浴室建筑颇相似，全部用砖制造，工艺极精，传为元代之物。抗战前，据中国营造学社鉴定，这座浴室圆顶极似君士坦丁堡圣索菲亚寺……可能为元代建筑（见1935年古物保护委员会工作汇报）。据此，故宫浴德堂浴室为元代所遗又一旁证。但在明代，在兴建宫殿时，何以留此浴室，此点可以用孟森教授在《香妃考实》文中所引用古礼“左庖右湢”之说释之。永乐四年诏修北京宫殿时，在规划中这座浴室适与东华门内

宝月楼

文华殿大庖井相对称，正合古礼，因而保留。但该处已非真正浴室，而系按古礼左庖右湢“浴德澡身”之义而存在的。从各种资料和理论判断，可暂定武英殿浴德堂浴室是元代仅存宫殿之一。另在武英殿东有石桥一座，栏板图案雕刻古朴，构筑精美，非明清时代所有之物，考古学者多认为系元代所建。

相传乾隆曾为回妃兴建过礼拜寺，还曾在毗连皇宫的中南海宝月楼墙外（即今西长安街）隔街筑回子营。在这个地区有回教礼拜寺，街道设置尽为回式，并迁回民居之，使回妃在宝月楼南望，可见回民居处情景，而得到思乡之慰。现在新疆喀什噶尔旧城的东门外十里地方，有一座娘娘庙，多年前即传说纪念的娘娘就是乾隆的回妃。笔者未到过喀什噶尔娘娘庙，据去过的同道介绍说，此庙有坟数座，为维吾尔族上层人物聚墓

区，并非香妃墓。又据《旅行杂志》二十七卷二期介绍，新疆喀什噶尔旧城的东门外十里地处有一座娘娘庙，建筑极富丽，上圆下方，陵寝墙用绿色花砖，陵顶是整个金黄的。庙里有弘历（乾隆）匾一方，陵城是乾隆二十四年修筑，光绪二十四年加罗城。喀什噶尔是维吾尔族语言，“喀什”意为各色，“噶尔”是砖屋。据此可能乾隆在平定和卓氏反清之事后，特在容妃先人墓群修造一座宏伟的建筑，崇其祖坟，以慰容妃。后人指此建筑为娘娘庙。据民族学院某教授言（惜忘其姓氏），在清代末年有《西疆游记》一书，其中有游香妃庙之语，大致亦属根据传说所记者。案清代后妃传，容妃死于乾隆五十三年，葬于河北遵化裕陵园寝。裕陵为乾隆之陵名，在清代历史档案中有一张裕陵园寝位置图，乾隆的容妃即葬在其中。

《香妃燕居图》

故宫旧存有一张手提花篮的女装像，题的是《香妃燕居图》，1955年故宫工作人员曾题为《香妃像》，国外也有人拍过照，此女装像是否香妃，待考。

（此文初稿写于抗战前夕，近岁略加修改。东陵博物馆已将容妃墓进行考证发掘，于善浦同志有科学的考证。本文仅指明武英殿浴德堂在明清两代并非浴室，更非香妃浴室，明代汉族亦无淋浴之习俗，清代其处长期为修书之所，其建筑可能为元代之遗物，是为大胆设想，绳愆纠谬谨俟博雅君子。）

第七节　故宫内廷

从紫禁城建筑布局来说，乾清门广场以南的三大殿及文华殿、武英殿为外朝，广场以北包括后三宫和东西六宫等建筑为内廷。外朝与内廷的分界线是在保和殿与乾清门之间。据文献记载，明朝建极殿（清保和殿）后，原有一座云台门以隔外朝内廷，其位置在三台之上。到清代已无云台门，亦无遗迹可寻了。保和殿后即乾清门广场，广场的东西长二百米，南北宽五十米，正面是内廷大门乾清门，形状也是殿堂式，共五间，三间露明，两次间有砖槛墙小窗，为侍卫站班之处。大门中间有云龙阶石，两次间为崇阶步道。殿门左右有八字形琉璃照

乾清宫

壁，门前陈设金狮、金缸，相对排列，清代皇帝有时听政于此。广场东西各有一门，东曰景运，以通外东路；西曰隆宗，以通外西路。在保和殿后的三台上俯视，这个广场和乾清门建筑的分组安排，显然是内廷气象。

乾清门内是皇帝的寝宫——乾清宫，重檐庑殿。后面有坤宁宫，是皇后的寝宫。这是故宫中轴线后部的重要宫殿，用王朝对这两座宫殿主导思想语汇说："乾清、坤宁法象天地。"这是全宫中最尊贵、最重要的代表性建筑，其余的建筑都是围绕着这几座建筑服务的。清代通称前三殿后三宫，原因是乾清、坤宁两宫之间夹着一个亭子形的方殿——交泰殿，其式如前三殿的中和殿。案明代在洪武建造南京宫殿时，乾清、坤宁之间原无建筑，建文帝即位后在当中加建一座省躬殿，其形式不详，大约即是方形殿宇。

永乐营建北京宫殿，一切均仿洪武旧制。从朱棣（永乐帝）和朱允炆（建文帝）叔侄争夺皇帝宝座的矛盾关系推断，永乐决不会仿效建文。交泰殿的名字最早见于明隆庆朝，从明朝宫廷历史臆测，交泰殿始建似应在隆庆的父亲嘉靖朝。嘉靖朝四十四年耗费国力、财力的建筑频仍。同时他崇信道教，天地交泰之义即来自道家。乾清、坤宁两宫之间南北相距十九米，在这个空当建造交泰殿，南距乾清宫后檐仅十四米，北距坤宁宫前檐仅十一米，显得十分逼仄，从空间组合上也可以说明是后加的建筑。从题额上看，在思想内容上又是一座儒道合一的建筑。

乾清宫是一座重檐的七间庑殿，现存实物是清代嘉庆二年（1797）烧毁后重建的。当时楠木巨材难得，据清代历史档案记载，曾将山东拆除的一座残破庙宇的木材运京。乾清门紧连一条龙墀直达乾清宫丹陛台，丹陛上有日晷、嘉量、龟鹤等陈设。在丹陛之下地平面上东有江山殿，西有社稷殿，都是范刻镏金，内供江山社稷之神，这象征着江山社稷都在眼前，由神来给王朝维护。东庑为端凝殿，是皇帝收藏冠带袍履的地方，其南为尚书房和内廷祭祀孔子的圣人殿。西庑为懋勤殿，是皇帝阅读本章和浏览诗书的地方，其南的房屋，到了清代由于在内廷办事，作为批本处和内奏事处。南庑是翰林学士们承值的地方，称为南书房。乾清、坤宁、交泰三殿的其他廊庑，在明代为宫监女官的承值房。在东廊庑中还有日精门、龙光门、景和门、永祥门、基化门，以通东六宫；西廊庑有月华门、凤彩门、隆福门、增瑞门、端则门，以通西六宫。这些门庑是互相对称的，题额含义也是相对的。

宫殿建筑功能上的要求都是强调独夫之尊，显示封建统治权的威力，总是以天地日月星辰等自然现象为象征，如乾清象天，坤宁象地，日精象日，月华象月。明太祖朱元璋在洪武二年兴建安徽凤阳中都时，曾将宫城之左一小山称为日精山，其右一小山名为月华山。北京宫城左右无山，遂在宫中置日精、月华二门，以象征性地模仿祖制。据载，元大都宫殿正朝左右有日精门、月华门，明代凤阳中都的日精、月华二山之名或即仿元大都？

东西六宫象征十二星辰。在东西六宫的后面各有四合院的五所建筑，东六宫后的叫乾东五所；西六宫后的叫乾西五所。这两组建筑是众多皇子居住的地方，这些房子象征天上的众星，这些象征日月星辰的对称建筑组合，一齐拱卫着象征天地的乾清宫、坤宁宫。在这种象征性思想指导下的设计，反映在建筑形象上，也体现出不同等级的划分，如乾清宫是庑殿顶，上篷檐是七踩斗拱，下篷檐是五踩斗拱的重檐大殿；坤宁宫是歇山式大殿；东六宫与西六宫则均为三踩单檐殿座；乾东、西五所除当中一所正殿在单檐下出一跳斗拱外，其余则都是一斗三升小型结构，至于那些宫监值房，则是布瓦硬山小型房子。

清代外朝、内廷布局仍袭明代之旧制，到了18世纪，部分相对的格局有所改变，这是由于吸取了康熙朝皇子争储的教训。雍正（胤禛）原封雍亲王，其府在皇城外，胤禛即位后将住所改为佛寺，名为雍和宫，不再分配给其他皇子居住。乾隆（弘历）原住乾西所第二所，即位后改建为黄琉璃瓦的宫殿，题额重华宫，永远作为皇帝的宫殿。再有嘉庆（颙琰）为了生活便利，将西六宫的翊坤宫和储秀宫联起来，把储秀门改为体和殿，成为两宫之间的穿堂殿。同时把启祥宫（太极殿）和长春宫连起来，把长春门改为体元殿，使其成为两宫中间的穿堂殿。太极殿在明代初年名未央宫，明宪宗四子朱祐杬生在此宫，后封为献王，藩地在今湖北钟祥。明武宗朱厚照死后无嗣，遂以近支兴献王之子朱厚熜即位，是兄位弟承，为明嘉靖皇帝。嘉靖上台后即速封其父献王为兴献皇帝，王墓亦称为陵，并将其出生的未央宫改称启祥宫，清代改名太极殿，而启祥门名额犹存。

太极殿内景

内廷建筑用高八米的红墙维护，南门即乾清门，其北为宫苑的顺贞门。东西六宫的首宫基本与乾清宫平行，其前无龙墀露台，像乾清宫那样前面的空间，即相当于乾清宫庭院地方。东六宫以前在明代有神霄殿、弘孝殿、内东裕库等，到清代将神霄殿改建为惇本殿、毓庆宫，弘孝殿则为现在的斋宫；西六宫以前为养心殿、祥宁宫，还有一座砖建无梁殿，其位置大体在养心殿南库地方，是嘉靖皇帝炼丹之所。

清代从雍正起，养心殿便是皇帝居住和进行日常办公的地方。殿内匾联充满宋明理学思想，正殿“中正仁和”四字还有“勤政亲贤”匾是皇帝告诫自己及其子孙，要巩固政权必须抓紧统治，依靠得力的忠实臣宰。还有“惟以一人治天下，岂

养心殿体顺堂内景

为天下奉一人”的对联。养心殿原为面阔三间大殿，后来将廊子推出，又在每间额枋上加支方柱两根，从外观上已成九间了，估计这是清代雍正年间作为寝室时改建的。同时又在西二间外另加添抱厦一间，抱厦以木板墙形成一个小院，传说是清代皇帝在殿中临窗批阅京内外官员所上的奏章时，防止宫监们的窥视之用。

在东六宫的东侧，南北长度与六宫相等的还有几组小型建筑群，是属于宫中服务的机构，计有尚衣局、尚食局等，到了清代改为缎库、茶库、果局等机构。在这之前是宫中祭祀祖先的奉先殿，都是红墙维护，与东六路联成一体，红墙之外有十米宽的长巷，巷东即故宫的外东路区域。

外东路紧临城墙，南至东华门，北至北城墙。据《明宫史》记载：外东路北部有哕鸾宫、喈凤宫一号殿、仁寿宫；南部地区有勗勤宫、昭俭宫、慈庆宫、端本宫。到18世纪清乾隆年间全部拆毁，改建为太上皇帝的宫殿——宁寿宫。在康熙朝已有宁寿宫，为皇太后之居所，估计那时还是利用明代旧有的一组建筑，到了乾隆时彻底改建为现在的布局。乾隆为告老时居住的宁寿宫建了殿、阁、庭园，工艺极精。床榻、隔扇、壁橱之类选用黄杨、紫檀、楠木、花梨、文竹、硬木等上好木料装饰各部，如群板隔扇芯以及边框处再镶上各种工艺品，有瓷器、铜器、象牙雕刻、雕漆、刺绣、编竹、刻竹、玉石等，精巧富丽，丰富多彩。这时期还创造细木包厢法，即在松榆木上用黄杨硬木等细材包在外面，做法新颖。这组宫殿内部装修，集当时中国工艺美术及建筑技术之大成。

乐寿堂隔扇

宁寿宫总布局大体分三路。中路有皇极殿，是具体而征的太和殿，宁寿宫是将乾清、坤宁两宫合为一体，主要则是具体而征的坤宁宫；乐寿堂、颐和轩是休养的宫殿。东路有畅音阁，则为皇宫中的大戏台；阅是楼为太上皇阅戏之处；此外还有庆寿堂、寻沿书屋、景福宫等。这一路是小型四合院式，用游廊围绕，院中点缀花园松竹之类，是乾隆作为“随遇而安”的随安室。西路全为宁寿宫花园，俗称乾隆花园，在南北长一百六十米、东西宽三十七米处置一座美丽的花园。园内采用江南园林设计手法，智慧工匠发挥艺术才能，湖石松柏配置得宜，占地面积不大却能小中见大，在寻丈之地自成一局。弘历为颐养需要在园内建有古华轩、禊赏亭、遂初堂、三友轩、撷芳亭、萃赏楼、耸秀亭、符望阁、竹香馆、倦勤斋等，他在倦勤斋室内采用宋代露篱之法，构成室内花园。这座皇宫中的特殊花园称得上是园中有殿，殿中有园，这是劳动者智慧的结晶。乾隆生前并未在此颐养，按清代例，皇帝日常均居住在西郊御园，夏季则在承德避暑山庄，每年只有较短时间回到宫内。

乾隆建此园目的为祈求长寿。原来弘历在二十五岁登上宝座，他在在位三十年时预告上天：如能在位六十年不死，即将帝位让与儿子，不与祖父康熙相比，能坐朝六十一年。其实康熙即位，坐朝六十年不足七十，乾隆二十五岁即位，坐六十年已八十五岁。尽管予告上天自己作太上皇，但他以“归政仍训

乾隆花园剖面图（天津大学建筑系绘）

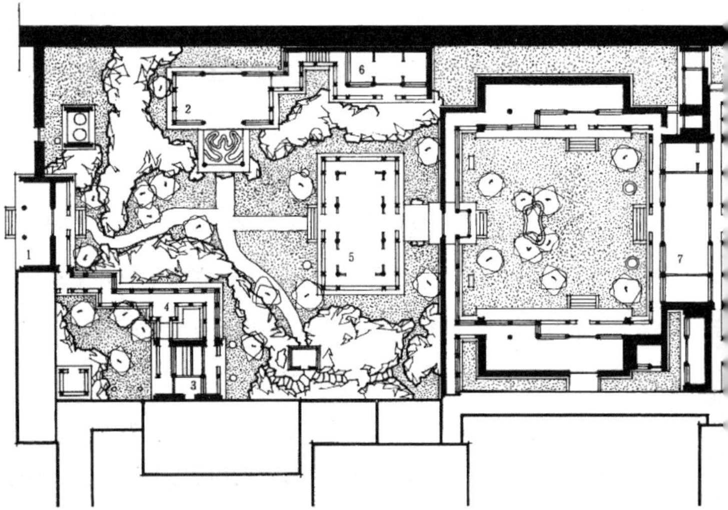

乾隆花园平面图（天津大学建筑系绘）

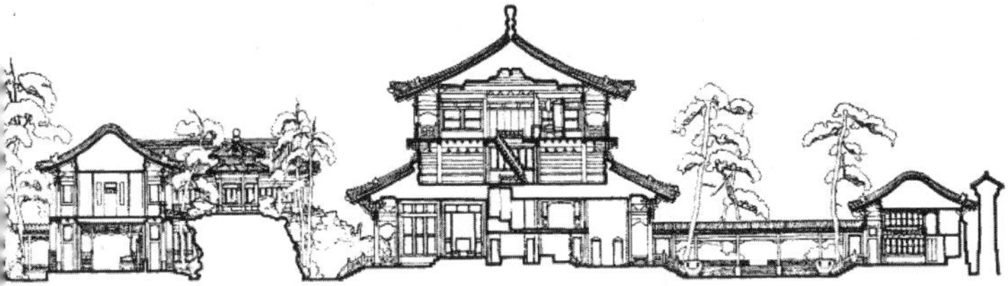

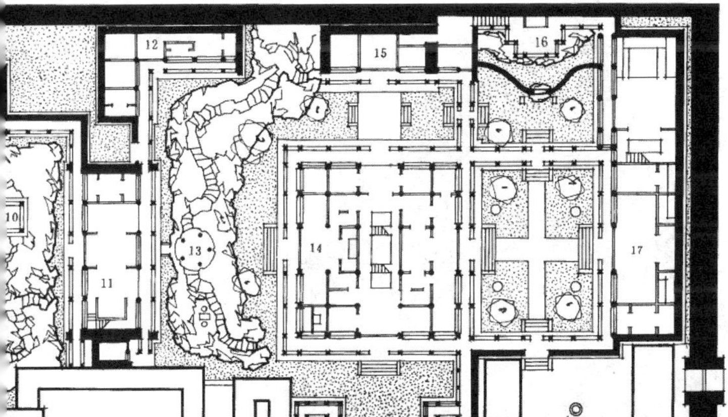

1. 衍祺门　2. 禊赏亭　3. 抑斋　4. 矩亭　5. 古华轩　6. 旭晖亭　7. 遂初堂　8. 延趣楼
9. 三友轩　10. 耸秀亭　11. 萃赏楼　12. 养和精舍　13. 碧螺亭　14. 符望阁　15. 玉粹轩
16. 竹香馆　17. 倦勤斋

政”名义继续掌握实权，并未有真正“倦勤之意”。园内以松、竹、梅为题材的建筑，只是象征他越老越健在而已，同时每座院宇俱叠山石，则取仁者乐山、仁者寿之义。

外东路原慈宁宫地方，乾隆年间改建了三所殿以居皇子，满语称为阿哥所。

西六宫之西有隆德殿等，原是明代嘉靖皇帝供奉道教神像

畅音阁戏台

之所，清代改建后改供佛教密宗像。1923年清代末代皇帝溥仪（宣统）居住内廷时，此殿焚毁。清代改建中正殿、雨花阁时，又将乾西五所的一部分建造为西花园，在西六宫与中正殿之间还添建了抚辰殿、延庆殿、建福宫、惠风亭等一些小型建筑，其中有的为赏花，有的为居丧时用（如建福宫即用黑琉璃瓦），有的是为检阅近支王公射箭之所。

阅是楼（乾隆皇帝和慈禧太后均常在此听戏）

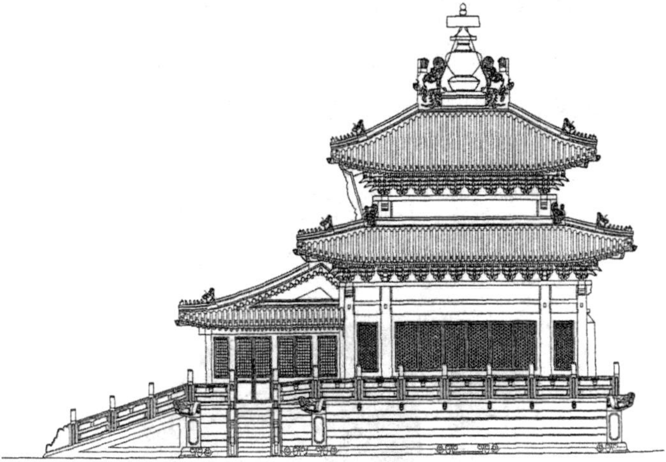

钦安殿侧面图

原来西六宫以西的旧状，文献无征，无从考查了。这些建筑的西红墙外有一条永巷，巷西高大红墙之内有英华殿、寿安宫，都是明代旧有建筑。最南为慈宁宫，清代时把单檐殿座改为重檐大殿，其西还有寿康宫一区，所有这些建筑都是给老太后、老太妃及名位较低的妃嫔等一群寡妇居住的。慈宁宫之南为仁智殿，又名白虎殿，清代将这个地方作为总管宫廷事务机构，即内务府和宫廷制造工艺品的造办处。清末年间这一带残破不堪，今天已是一片广场。

在故宫中轴线的最北端为宫后苑，清代叫御花园。东南角一门叫琼苑东门，可通东六宫，西南角的琼苑西门，可通西六宫。后苑当中主要建筑是钦安殿，这是15世纪的原建，中供玄武神，用一座玄武神殿以象征之。现在的陈设全为15世纪原物，时间是明初成化年间（1465—1487）。屋顶用铜板铺墁成长方拱背坡形，周围四脊环绕，屋顶安镏金宝顶，是明代著名的盝顶建筑。钦安殿的东西地区有轩、有阁、有亭榭。建筑物有位育斋、摛藻堂、绛雪轩、养性斋、玉翠亭、凝香亭、澄瑞亭、浮碧亭，有的是明代所建，有的是清代所建。从建筑工艺风格看，澄瑞、浮碧二亭均为明代遗构，清代在亭前加一卷

钦安殿旗杆夹石

棚，其雀替与亭中雀替建筑手法不同。在卷棚与亭子衔接之处用铁活拉住，其做法与清雍正年间建的斋宫的铁活一样，大约卷棚是雍正年间物。在这组建筑中还有池水山石、松柏花卉，是一座宫廷园林，御园中所有台石陈设，大多是若干万年前的奇石，属于难得的自然瑰宝。后苑的后门顺贞门，直对紫禁城北门玄武门，避清康熙帝名讳改名神武门。

出神武门即是紫禁城宫殿的镇山——万岁山，清代名景山。园面积有二十五万五千平方米，相当于紫禁城范围的三分之一。明代时园内有错落有致的亭台建筑，清代乾隆年间将山叠成五峰，中峰最高，每峰各建一亭。

故宫从前朝到内廷，用多种屋顶形式组成多座院落宫殿，殿顶有庑殿顶、歇山顶、四角攒尖顶、悬山顶、收山顶、硬山顶、盝顶、卷棚顶、六角式、八角式、十二角及多角迭出，还有单檐、重檐、三层檐等多种形式，组成起伏有致的布局。从建筑艺术角度看，故宫建筑群像是一卷有韵律的主体建筑画卷，又是凝固音乐的篇章，而长达一千米的建筑群，最后以巍峨高耸的景山为屏障，给予有力的总结。登上景山高峰，鸟瞰故宫全貌，真是千门万户，无比宏伟，在阳光照耀下的琉璃瓦顶，光辉灿烂、绚丽多彩。

第八节　御花园

一、堆秀山水法

明代北京紫禁城后苑园林有堆秀山一景，为明代万历十一年（1583）毁原四神祠观花殿，在其旧址叠石成山。山之当中砌石门，匾题“堆秀”。山上有亭曰“御景亭”，东西两鱼池，池上有亭左曰浮碧，右曰澄瑞。山上置铜制大瓮蓄水其中，又以铜制管道通至山下有洞孔石座之底。石座上端装置张

堆秀山和御景亭

口向天的喷水龙头，水由山上铜管下流入石座洞孔中，水满上升，龙口即溢出小喷泉，此16世纪御园水法也，清代仍之。

1931年，余在中国营造学社正编写《明代宫苑考》，从文献记载中得其故事。远在明万历朝以前，明英宗天顺朝（1460）在毗邻紫禁城南内宫殿（今南池子一带）园林中有一石桥，用白玉石雕镂水悬其上之水法，不知其渊源。时曾请教中国营造学社社长朱启钤先生，朱师告曰，此法乃明初三宝太监郑和下西洋时所得引进也。明代南内宫殿和御苑多已无存，只遗无梁殿皇史宬和普渡寺巷内一座建筑（清代称玛哈噶喇庙宇）。水法石桥只留有飞龙桥一街道名，疑即有水法桥之地，现其名只供凭吊了。

到了18世纪清代乾隆年间，在北京西郊圆明园建西洋楼，由意大利人郎世宁设计并指导中国工匠制造，园中有我国传统十二属相喷水报时的水法时钟，用水法报时。远在我国三千多年前的西周时代即已有水漏壶，现在明清故宫中陈设的水钟漏壶可以考见。圆明园处西郊海淀，水流丰富，运转易为，自1860年英法联军烧毁圆明园后，现只能窥其残迹了。

紫禁城御苑堆秀山水法，在清代末季已报废多年，原构件残缺不全。新中国成立后国家重视对古建筑的维修保护，对故宫进行修缮，以余在中国营造学社略识祖国历史建筑、古典园林粗浅之学，乃委余主匠作之事，即时为了迎接建国十周年大庆，乃谋恢复其原状。当日经勘查，堆秀山喷水龙构件残缺不全，维修颇费周章，于是与工程队著名哲匠共谋之，决定在原有的基础上补配喷水龙头和龙含细管。山上巨瓮下流水管早已失灵，又不能拆山换装。喜当日御园中已设有自来水管道，埋在地下，遂引其水道至喷水龙石座，下用自来水压力上升，使龙口向上喷水，恢复旧日景观原状，虽旧蓄水法弃之，但整个景观完整无缺，水柱上升较旧景为胜。昔日龙头溢水，水足时泼如水柱的水法景观，迹可得见了。

二、木化石

不记投河日，宛逢变石年。
磕敲自铿尔，节理尚依然。
旁侧枝都谢，直长本自坚。
康干虽岁贡，逊此一峰全。

这是故宫御花园中，清朝第四个皇帝乾隆帝所题的诗，题诗的时间是乾隆丙戌正月，是乾隆卅一年（1766），距现在已经二百余年了，这块木变石进皇宫至少已矗立这么久了。我们在参观故宫时，走到绛雪轩处，就看见一个立在石座上、厚木

木化石

板式的木材，用手一摸，原来是一块石材。乾隆所说“磕敲自铿尔，节理尚依然”，动动它是石材，但真有木材纹理，敲击发出若金钟玉磬鸣声，是自然界留下的瑰宝。它原本陈设在皇宫御苑中，在今天已是人民的欣赏物，不属于皇帝专有了。

我们从科学上来认识这种矿物，它的名称是矽化木，俗称木化石，古称康干石。有清晰的木材纹理，有赭色般美丽的颜色。这种矿物在我国内蒙古、山西等处均有，自然都比不上御花园这块木化石，所以乾隆说“康干虽岁贡，逊此一峰全”，这说明每年都由各处搜寻康干美石，但都不如这块完整美丽。据古书载，古有康干河，断松投之三年化为石，色苍节理犹在，号康干石，这是古人对矽化木的认识，实不经过若干万年，矽化木不可得也。

第九节　景山和雁翅楼

景山是明代永乐十五年以后出现的，俗称煤山，其实下边并没有煤，明代记载中已说它是土渣堆筑而成。1963年有关研究单位钻探证明，景山埋的全是瓦砾和渣土，这说明它是由永乐朝建紫禁城拆除元大内时的建筑垃圾所堆积而成。一说上面盖的是开挖护城河的土，在上面又建筑亭阁。现在景山上的五亭是乾隆十六年后所建，其出处依据，在1930年余供职故宫文献馆时，与同仁得见《清乾隆京城全图》，当年与馆中同仁共同考证，为乾隆十四、十五年所绘制，图中尚不见五亭。

这个人工土山高达三十八点六米，面积二十二万五千平方米，恰在北京内城中心，明代称它为镇山。一则是由于它压在元旧宫的延春阁旧址上面，延春阁是元代大明宫的后殿，是象征元代王朝君权的建筑之一，明王朝统治者认为不仅拆掉元大内另建新宫，而且还要用山压住它的后殿，似乎这样一来元朝的“王气”就被镇下去了；二则在北宋汴梁亦有镇山。实际上从整体宫殿群的空间组合艺术看，它则是宫廷之屏障。

从建筑效果看，景山的建立，使北京中心增加了立体感。它像一座绿色的屏风，矗立在紫禁城后面，形成“后靠”，而使整个皇宫处在背风向阳的前方。同时也屏障住皇城背后喧嚣的闹市，使这一带形成异常清幽的环境。

景山上下遍植松柏槐树，明代称槐为“国槐”。由于树木繁盛，加之景山南面临筒子河的水面，所以这一带的小气候比之城内其他地方为好。明代的景山顶上并无亭台，而是错落有致地把楼台殿阁分布于景山前后，朱栏玉砌掩映于林木之间，“山上树木葱郁，鹤鹿成群，呦呦之鸣与在阳之和互相响答”。主要建筑有寿皇殿（皇帝死后停放灵柩地，清代为收藏帝后影像和节日悬祭的殿宇）、毓秀馆、育芳亭、永禧阁、永寿殿、观花殿、集芳亭（花圃），可以说，景山是一座带有山林气息的宫廷御苑。

景山和紫禁城之间本来有一道内皇城隔开（北上门），在1953年前后拆除。但这道内皇城墙在景山两旁又向北加筑了一个T字形广场，在景山前再顺中轴线往北伸展，直达地安门。这两列红墙中部开辟了东、西皇华门（东皇华门现名黄化门，

雁翅楼

尚存遗迹可寻），这两座门迤南，沿红墙筑有两列楼房式建筑，称作“雁翅楼”，门迤北还有两座对峙楼房（其中路西一座仍保存，现为人民银行）。这个地带在雁翅楼夹峙下，中轴线再向北部延伸，越过地安门直通鼓楼前这一段“后市”，最后越过钟鼓楼二楼之间的广场，消失在万家民舍之中。雁翅楼的作用是皇城后卫哨所，无论皇城前后，处处都是森严的戒备和警卫，以保证皇帝居所的绝对安全。可是永乐朝在修建皇城时绝对不会料到，他们最后一代皇帝崇祯竟会在李自成率领的农民起义军攻入北京时，跑到景山一老槐树下上吊自杀，结束了明代二百八十多年的统治。

景山是这条中轴线上最后一个“高峰”，但并未挡住这条中轴线的气势，只有在穿过地安门后，才一变宫廷殿堂的豪华和庄严之气而回到“人间”。就在这“天上人间”交界处，仍然有一片森严的雁翅楼禁锢地带，这个不长的地带上有五重门禁（景山后门，北中门，地安门，东、西黄化门），这些门名到清代已不保持明代之旧了。

第十节　水源与采暖

在七十多万平方米的紫禁城中，有一条长一万两千米的河流，它从西北城角引入紫禁城的护城河，水从城下涵洞流入，顺西城墙南流，由武英殿前东行迤逦，出东南城角，与外金水河汇合。这道河流对于紫禁城内千株松柏起了灌溉的作用，在调节空气和消防利用上都有好处，在夏季又是全宫城中雨水排泄的去处。

故宫中雨水排泄管道，在设计全宫规划时有一个整体的下水系统安排。它的原设计图虽然已不见了，可是现存的沟渠管道，除因地上建筑物变革而被破坏一部分外，经实际疏通调查，发现它的干道、支道、宽度、深度都是比较科学的。遇有暴雨，各殿庭院雨水都能循着排水系统导入紫禁城中的河流里，然后迂回出城汇入外金水河，东出达于通县运河流域，因此在宫中无积水之患。明代开凿的筒子河宽五十二米，深六米，长三千八百米，不但增加了宫城防御，而且具备排水干渠和调蓄水库两重功能，蓄水量可达一百一十八万立方米，相当于一个小水库，在这个面积不足一平方千米的紫禁城，筒子河的蓄水起着重要保证。即使紫禁城内出现极大暴雨，日降雨量达二百二十五毫米，同时城外洪水围城，筒子河水无法排出城外，紫禁城内水全部流入筒子河，也只使筒子河水位升高一米左右。

至于给饮水问题，五百多年前的设计完全依赖凿井取天然

筒子河

泉水。明清两代日常生活在皇宫里的近万人，除帝后的饮水是每日由京西玉泉山用骡车运送外，其余都取用井水。三大殿九万六千多平方米面积不设一井，内廷东西六宫及其他若干建筑群，每一宫院至少有井两口或三口，值班人员和警卫人员区设井更密。由于凿井工程的需要，在故宫里又出现了为数不少的小型盝顶井亭建筑，成为宫苑中一种特殊的建筑结构，同时，小亭饰以皇宫彩画，小巧玲珑。可见井亭不仅是生活用水所需，也是一种特殊的建筑技艺陈设。

宫中取暖设备有两种，一是地下火道，二是炭盆。火道又名火炕，和建筑连在一起，火道在殿内地面下砌筑，火口在殿外廊上。入火道斜坡上升处烧特种木炭，烟灰不大。火道有蜈蚣式及金钱式，即主干坡道两旁伸出支道若干，这样使热力分散两旁，全室地面均可温暖，火道尽头有出气孔，烟气由台基下出气洞散出，这种办法在皇宫中一直使用了四五百年。每年冬季来临前夕，即阴历八九月，有关太监就着手过冬准备，如通火炕口，烤干湿潮气等。在殿内地面上则利用炭盆供热。由于宫殿高大，为了冬季居住得舒适，凡是寝宫都利用装修隔扇、阁楼将殿内空间缩小，降低室内高度，即所谓暖殿、暖阁之类。

顺便再谈一下宫中采光。宫中采光只靠棱窗小洞，光线细微，此外，只能依靠宫灯，点蜡。到了17世纪初期，玄烨成立养心殿造办处，设立多品种工艺作坊，其中有玻璃作，估计宫殿安装玻璃窗应在此时。

第十一节　建筑装饰艺术

一、瓦和瓦当

历代谈瓦的著作，以古代瓦当为主，瓦当的图案丰富多彩，是具有历史价值和艺术价值的文物。但瓦是建筑物屋顶的覆件，从建筑史学的角度来说，就不能只谈瓦当的艺术图案。从建筑发展史知道，人类由巢居、穴居到地面上盖房子，是在和自然做斗争的过程中一步一步发展的，通过实践，由营建简单的茅棚、草屋发展到在屋面上用瓦。大约在屋瓦发明之前，就有了“瓦”字，它是烧土器的总称，所以“瓦”字应是碎陶的象形字。再参照民俗学材料，原始社会妇女纺锤也是用瓦，所以《诗经》里有生女曰“弄瓦”之谓，至于我们现在所谈的屋瓦，则是最早专门烧制、用于屋脊上的建筑构件，如古文字的“甍”，《说文解字》说是屋栋也，覆蒙在屋脊之上。此字从“草”，从“瓦”，可以推测为屋脊上用的瓦。

至于瓦当的发明，它不仅为了使檐头不露泥背而美观，而且具有构造上的作用，即挡住左右板瓦不使下滑，这正是称

筒瓦

銮仪卫东库瓦头

为瓦当（挡）的道理。《说文解字》将“当”释为“田相值也”，即两垄田的尽处互为田之垄，所以至今建筑瓦工术语中还有“瓦垄”之称。瓦当即垄下端的挡头，屋面用泥背窑瓦，再用带瓦当的筒瓦，之后则仅在檐头筒瓦上设瓦钉即可防止屋瓦下滑。战国中山王陵享堂遗址出土的大瓦钉，形制与北魏遗物近似，推断应该就是用于檐头筒瓦上的。我们考古发现，在更晚一些年代虽然形制有所不同，但其构造原理还是一样的。

屋瓦不断发展改进，种类也就越来越多。随着带瓦当、瓦钉的檐头筒瓦的出现，檐头板瓦又有所改进。为了避免檐头排水回水，檐头板瓦遂有“滴水”或“滴子”的发明。查有关书籍，得见有著录汉代以前瓦当的书和图录，而无著录瓦滴的书。案在得见东汉明器陶楼檐头所刻板瓦，有的出现略具下垂部分，经考证可能是滴子最早的形式。

中国封建社会，屋顶已形成独特的造型风格，它有长梁、短梁，上部再间施瓜柱（短柱），叠置搭以檩、椽，从而形成由檐部到脊部举折的折线，在折线的椽上再铺望板，望板上再苫灰背，形成一条完整平滑的曲线，灰背上铺板瓦，板瓦垄缝处覆盖筒瓦，形成沟排水的屋面形式，免除屋面积水之患。由于屋架“举架”是逐层加高的，这样做成的屋面上部陡，中部、下部低坡略挑起，清代工匠术语称之为上腰带、中腰带、下腰带，它不但利于排水，而且造型美观。

明、清故宫的太和殿等高级建筑物，已不是在檐头筒瓦上安瓦钉，而是改为钉钉，并扣上铜镀金的防水钉帽。由于宫殿屋面坡度大，一般安装三路瓦钉。

二、门钉

有关门钉的文献记载，最早可在《洛阳伽蓝记》中关于北魏熙平元年洛阳永宁寺的建造说明中找到，其门上使用门钉五路，每路五颗。作为门钉实例，最早可能在北魏孝文帝太和元

门楅

年（447）宋绍祖的墓中找到，墓室明间两扇大门上使用门钉三路，上、下两路为五颗，中间一路为四颗。由此可推知此时门钉虽已出现，但使用并不规范。

及至明代，古礼日盛，因此对门钉的使用有了明确规范。在中国传统文化里，奇数为阳偶数为阴，所以在一至十这十个自然数中，一、三、五、七、九为天数，二、四、六、八、十为地数。在象征天的阳数中，九为最大，其上所赋予的吉祥象征，使其成为天子所独享的尊贵数字。紫禁城四座城门中绝大多数都是九九八十一颗门钉，表示皇权至极，但也有例外，如午门掖门为八路门钉，而东华门门钉更为奇异，使用了八九七十二颗门钉。

紫禁城宫门钉的安装体现了古建筑传统工艺技术和艺术美的结合。我们可以看到紫禁城城门，每扇门板上排列九行铜门钉，上贴金叶，门身满涂朱油，门扇高大而不呆板，只觉辉煌绚丽、庄严肃穆，从表面上看这些门钉只是一种装饰，其实不然，它是工艺技术与建筑艺术的统一结合，九行门钉原是为加强门的结构强度而设的，是一种加固手段，用来加固门扇背面横设的木楅。因此，这些门钉实际是大门的构件之一，只是通过工艺技术手段美化了，所以不能仅仅把其看成是一种装饰，也不能只注意它的建筑艺术而忽视其工艺技术内涵。

三、隔扇

隔扇又叫隔断，是中国住房里内檐装修的一种，它能灵活地区别划分室内的空间，同时能够变化多样，给建筑物内部增加艺术美。由于我国老式建筑屋顶重量完全由木骨架承担，在室内没有厚重的荷重墙，几间大房子的内部面积就是一座宽阔的大厅，若要将这宽阔的空间划成为几个部分，完全可以由居住的主人根据生活的需要与爱好，用内部装修——隔扇的办法进行安排。一座建筑物不仅造型外貌要美，内部更需要注意生活上、实用上的美，中国的隔扇应当说在这一点上起着很大的作用。当然室内的美化还有其他的室内装饰的处理，现仅以介绍隔扇为主。

隔扇多种多样，主要是木材制作的，在安装上灵活性很大，可以随时拆卸。在冬天可以用隔扇装成一个暖阁，由于皇宫宫殿高大，在冬季除在殿内地面上利用炭盆供热外，凡是寝宫都利用室内装修隔扇等将殿内空间缩小，来保持室内温度，到夏日来时，撤掉隔扇，又可以恢复成一个大厅。

一般在房子里靠一头左右立起隔扇，上边插一横楣子的落地罩，这样一横两竖的装修在隔扇以里就给人处于另一房内的感觉。横楣上挂起帐幔，随时安装。三间、五间、七间的房

储秀宫天然罩

绛雪轩圆光罩

颐和轩隔扇

养性斋落地罩

子，用隔扇内隔起来，可以成为几个单间，还可三间变成一明两暗，可谓运用自如。

隔断大致有几种：墙壁；半透明的可随意开合的“格门”；半隔断兼作陈设家具用的“博古书架”；作为区划标志的落地罩、栏杆罩、花罩；在炕上或床前做轻微隔断的“炕罩”；迎面方向固定、开左右小门的“太师壁”；用着随意，内外随时通联的“帷帐”等。

顺便说一下屏风。它是介乎隔断和家具之间的一种活动自如的屏障，也是很艺术化的一种装饰，用在室内能活动移置的即是屏风或插屏，在室外则为照壁、屏门、影壁，如故宫中的景仁宫石壁、寿安宫屏门等。

第四章　紫禁城史事

第一节　乾清宫中的历史

乾清宫是封建王朝皇帝的寝宫，明清两代皇帝在此生活中，琐事不可胜数。在本篇中只得将有关政治生活性较强、轰动朝野的人和事略举数件如下。

在明代晚期历史上有三大案，其中两案发生在乾清宫。一个是“红丸案”，原来明代万历朝朱翊钧当了四十八年皇帝，死后由其子朱常洛继位，年号泰昌。这位皇帝是一个贪恋糜烂生活的人，登位不多天便生了重病。有鸿胪寺衙门名李可灼进呈红色丸药，这位刚坐皇位月余的泰昌皇帝连服两丸，便一命呜呼了。当时朝野哗然，朝中党派亦借此事相互攻讦，这就是明史书中的“红丸案”。

朱常洛有个选侍级别的妃子李氏，曾抚养过皇长子，由于当时皇帝曾有意将选侍提升为贵妃，朱常洛死后，李选侍便居乾清宫，挟皇子以自重。当时在朝中号称名臣的杨涟、左光斗等坚持要李选侍移出乾清宫。这件事又引起朝臣党派的斗争，明史中称为“移宫案”。在早些时候，有一名叫张差的男子持杖大闹慈庆宫，称为“梃击案”，此三起事件合称为明皇宫中三大案。

在清朝，乾清宫也有为人们所熟悉的历史故事，如康熙皇帝计除权臣鳌拜，二百多年来一直为人们称道。康熙皇帝名玄烨，在封建王朝中是一个有作为的皇帝，他一生对中华民族做

乾清宫

过一些有益之事，如在传播文化方面，编制书籍、提倡格致之学（属自然科学类）；在政治军事方面，团结各民族、平定三藩、统一全国、收复台湾、抗击沙俄侵略、镇压背叛祖国的噶尔丹等，在清史中都是得到肯定的。

玄烨八岁即皇帝位，到青年时代即显示了英俊有为。在康熙八年（1669）时，他还只是一个刚满十六岁的小皇帝。当时朝廷里有个权臣名叫鳌拜，结党专擅左右朝政，玄烨虽欲除掉他，但惧怕其力大难制，便选宫中青年卫士练习扑击武术。一日鳌拜入朝，玄烨突然命善扑击的卫士等掊而击之，随后列出鳌拜多条罪状，最后革职抄家，鳌拜后来死于禁所。清朝禁卫中由此成立善扑营，成为正规编制，直到清末。

玄烨是个多子的皇帝。到了晚年，虽然公开立过继承大统的太子，但屡立屡废，因之诸子各树党羽觊觎宝座，最后是第四子胤禛（雍正）继位。传说中胤禛是有谋父、逼母、杀兄、屠弟之嫌而得承大统的，这件事在清史里算是疑案之一，这里无暇深入考证，只说胤禛继位后，鉴于他和诸弟兄争夺宝座的残酷教训，创造了一个历史上所没有的立皇储的办法，即不明白宣布某子为继承人，而是秘书所指定继承者的名字藏在乾清宫所悬的正大光明匾后，再写同样一份藏在居住的养心殿。胤禛在雍正十三年死后，王公大臣取对两纸相符者继位，即龙袍登基。乾隆（弘历）就是通过这种办法继承帝位的，为清代在北京皇宫中坐朝的第四代皇帝，弘历为此编写了一部《储贰金鉴》一书，来称道胤禛的英明。

第二节 御屏京官职名册

御屏京官职名册为清代内阁大库所存档案，是清代入关后早期档案之一，册中开列在京各衙门文官职名及除授年月。案御屏书写职官姓名滥觞于唐太宗时，《资治通鉴》卷一九三：

> （唐太宗贞观二年）上曰："为朕养民者，惟在都督、刺史，朕尝疏其名于屏风，坐卧观之，得其在官善恶之迹，皆注于名下，以备黜陟。县令尤为亲民，不可不择。"乃命内外五品以上，各举堪为县令者，以名闻。

到了明代，制度又有改进，内容还有疆域图。在明神宗万历二年，大学士张居正率大臣上御屏置文华殿后，屏绘天下疆域及职官姓名，用浮贴以便更换。在《日下旧闻考》卷七引大事记要：

> 万历二年十一月，阁臣张居正进御屏一座，中三扇绘天下疆域之图，左六扇列文官职名，右六扇列武官职名。用浮贴以便更换，上命张于文华殿。

清代沿明旧制，顺治二年，令御用监制造御屏送内院，内院移文吏兵二部，开送内外大小文武官员职名填写，大约清代一直沿袭此制。《康熙会典》卷一：

> 凡御屏顺治二年，令御用监制造送内院，内院移文吏兵二部，开送内外大小文武官员职名填写。十三年照例移文吏兵二部造册送院，十五年复移文吏兵二部造册送院。

在1924年，清代末帝溥仪迁出皇宫，在清王朝历代皇帝居住之养心殿正间，悬有御屏一幅，从其所列职名知为同治朝以前者。有的疆域大官以驻地将军之名，不设督抚。

第三节　皇宫中的档案库与清军机处档案

我国有悠久的历史档案保管制度。在历代的职官中都有档案官，有档库，即使在地方的小县也同样具备这一组织。县衙门有架阁库，就是收藏全县经济财政档案的所在地。皇宫是皇帝的住宅，同时又是专制政权发号施令的最高机关，明清时代总理全国政治的内阁，就是设在皇宫里，一切有关全国政治的政令都由内阁发出，全国各地向专制君主报告政务或请示，也都通过内阁转进，因此内阁区域现在还存有两个大库，一是红本库，二是实录库，明朝和清初叫书籍表章库。在这两个库里存有大量档案，时间从15世纪到1911年辛亥革命清朝灭亡，主要档案和书籍有揭贴、红本、史书、上谕档、丝纶档、起居注、实录等。

清王朝在1729年是雍正朝，当时少数民族反抗清廷，雍正派兵去镇压，而军情又十分紧急，雍正为了便于随时和大臣们商议军机，特命一些亲信的满汉大臣在他的寝宫养心殿墙外（乾清门之西）的几间小板房内值班，等候召见。这个地点名叫军机房，后来改为军机处。乾隆朝又重新改建并铸造军机处印，一个临时性的值房从此变为永久性的机构了，它的职权范围也不单属军事，而是逐渐将全国政治都管了起来。原来的内阁部院成为只是办理日常例行公事，颁发布告和保管制、诏、诰、敕（均为皇帝下发的文书），题、奏、表、笺（均为臣工上奏的文书）的文书档案机关了，真正的权力机关则转为军机处。

军机大臣看起来好像是有权的，实际上不过是承上启下的高级传达员。那时候专制政权操在皇帝一人手里，军机处并不是决定事务的地方，仅是听呼唤的值房，做点秘书工作，所以军机处的屋里除去有一般红漆桌椅以外，就别无长物了，现在故宫博物院有原状陈列。原来，每天早晨皇帝将这些军机大臣叫到养心殿后，以“赐坐”的名义，让军机大臣跪在预先席地放好的垫子上“听旨”，军机大臣跪着记录大意，拟出正式的“旨意”，或者出来叫军机章京（军机大臣的属员，俗称小军机）来拟写，写好再经皇帝复阅决定后即发下。此外，各省及京内外上给皇帝的奏折（例行公事的用题本、非例行的和私事用奏折），经过皇帝本批（封建皇帝亲自批）交给军机大臣发下，在发还原奏事人以前，军机处照抄一份保存起来。每五年军机处还进行一次修档工作，所以军机处和内阁一样，也留下了大批的档案，而这些档案是极重要的和最有价值的历史资料，时间跨度长达一百八十年之久，是研究清史诸多方面的丰富材料。

军机处外景

军机处内景

第四节　皇宫中的图书馆

一、文渊阁

在我国历代封建朝廷里都有图书馆性质的殿阁，在明代皇宫中有文楼，有文渊阁，就是宫廷中的大图书馆。著名的大类书百科全书性质的《永乐大典》，有两万两千九百三十七卷，共一万一千零九十五册，是当时世界上最大的百科全书，原来就收藏在这里，后来移贮紫禁城外翰林院。1860年英法联军和1900年八国联军两次侵入北京，都疯狂地烧毁民居和衙署，翰林院所存的《永乐大典》遭焚毁掠夺，残存下来的只有百十册了。现在还有许多册流散在这些国家，1951年至1956年苏联曾将收藏的数十册送还我国。

明代的文楼现在还存在（即体仁阁），文渊阁则不能确指具体地点，大约即是清代实录库所在地。现在故宫里有清代的文渊阁，是乾隆三十七年在文华殿后专为收藏《四库全书》新建的大书库。18世纪80年代正是清代乾隆朝，曾广泛收集全国遗书，并由《永乐大典》中辑录重要遗籍，用了十年（1772—1782）的工夫编成一部大丛书——《四库全书》，共有三万六千多册，都是由善于书法的人用工整的字体缮写，用上等开花纸画着朱丝栏，在装帧上极为精美。当日一共缮写了七部，第一部即收藏在文渊阁，除去皇帝浏览外，也允许一些文学侍从和大臣官员入阁阅览，所以文渊阁是皇宫中最大的图书馆。

《四库全书》分经、史、子、集四大类。书皮分为四种颜色：经部是青绢皮，史部是赤绢皮，子部是白绢皮，集部是棕黑绢皮，据说既为分别四库，又象征春、夏、秋、冬四时之色。文渊阁本四库全书在抗战前，曾由北京运往南京，抗战胜利后未及运回，后来被直接由南京运往台湾省；第二部《四库全书》在圆明园文源阁，1860年英法联军侵入北京时被烧毁，与圆明园同归于尽；第三部在热河避暑山庄文津阁，现在国家图书馆珍藏；第四部在沈阳故宫文溯阁，现在甘肃兰州图书馆珍藏；第五部在浙江杭州文澜阁，现在浙江图书馆珍藏；第六部在江苏扬州文汇阁；第七部在镇江文宗阁。后两部在太平天国与清军战争中被毁，另有副本一份存在翰林院，在1860年被英法联军掠夺、烧毁《永乐大典》的同时，亦毁无存。

二、摛藻堂

《四库全书》开馆编辑时，乾隆帝已经六十三岁了。他恐怕不能看见全书的编成，所以先选择书籍中最精的编一部《四库全书荟要》，也就是《四库全书》的选集。一部藏在御花园摛藻堂，这个地方前临轩榭，右倚小山，古松参天，环境清幽，确是一个恬静的图书馆所在。现在书橱依旧，原书抗日战争前运出北平，现在台湾省。另外一部本在圆明园，也是在1860年被烧毁。

三、昭仁殿

昭仁殿是内廷乾清宫的东暖殿，乾隆年间利用这殿开辟了一个收藏善本图书的地方。乾隆九年（1744），检查宫廷中明代以来所藏的宋版、金版、元版、明版以及影钞本的珍籍，排比次序列架藏在昭仁殿。乾隆取汉代宫殿藏书天禄阁之意，写了一块“天禄琳琅”的匾。可惜在嘉庆二年失火，昭仁殿与藏书全部烧毁。这时乾隆帝还在做太上皇，又继续搜集了一部分善本重编续编，这个“天禄琳琅”编好后，除去在清末为清廷所盗卖外，后也运往台湾省一部分。残存在故宫里的和新中国成立后由政府陆续搜集回购的一些，一并收藏在国家图书馆。

历代皇宫都有藏书楼、图书馆性质的建筑和收藏丰富的书籍，大约在8世纪，还有雕版刻书、印书的工厂（更早的时期是手抄本），现在在明清故宫里还能看见过去刻书、印书的遗址和遗物。在故宫里印行的，有明内府刻印的书，有清武英殿的刻书，工厂所在地也依然保留。人类文明史上最重要的发明造纸术和印刷术是中国发明的，刻书和印书的工作一直在民间和宫廷中流传，这些印证了我国文化的悠久和繁荣。

第五节　内务府与造办处

为皇帝管家的机构，明代叫内府，清代叫内务府，总机构设在宫廷里，附属机关分散在皇城内外。明代内府有十二监四司八局，由于年代久远，现在只有几处街道名称还留着这些机关的遗迹，像西安门内的惜薪司，地安门外的兵杖局、酒醋局、宝钞胡同，等等，都是明代内府所属机关所在地。

清代也有七司：广储司、会计司、都虞司、掌仪司、营造司、慎刑司、庆丰司，都在皇城以内。内务府衙门设在紫禁城里，总管各司。另有上驷院、武备院、奉宸苑，分别管理御用马匹、武备、园囿等。除此之外，皇宫里还有各种特种工艺工厂。三千多年来我们祖先就制作过多种多样的工艺品，有石器、陶器、铜器、骨器、琉璃器、竹器……这些手工艺从奴隶社会到封建社会，在长时期内逐渐发展着，到14、15世纪起特别发达。明清两代都曾将国内各地精工巧匠集中到北京来，在皇宫中和御苑里建立工场，制作精细工巧的器物，以供帝王享受。

明代有御用监，专管造办宫廷所用的围屏、摆设等器具，象牙、花梨、紫檀、乌木等家具，还有棋子、骨牌以及梳栊螺钿、填漆盘匣、柄扇等。在西苑内有果园厂，制作的雕漆极为珍贵。还有景泰蓝、宣德铜器，在世界上都是驰名的工艺品，也是出自内廷工厂。

清朝宫廷的工艺品工厂更有发展，康熙帝玄烨在当时比较注意科学和工艺，因此在宫内编辑历象、音律、天文、地理书籍，并测绘全国舆地图。康熙十九年（1680），皇宫中设养心殿造办处，专为皇帝制造赏玩的工艺品。其下设若干专业工厂，到了乾隆朝时，已有四十多工种的作坊，如裱作、画作、广木作、匣作、漆作、雕銮作、镟作、刻字作、灯作、裁作、花儿作、绦作、穿珠作、皮作、绣作、镀金作、工作、累丝作、錾花作、镶嵌作、牙作、砚作、铜作、鋄作、风枪作、杂活作、如意馆、做钟处、玻璃厂、铸炉处、炮枪处、舆图房、弓作、鞍甲作、珐琅作、画院处等。

这些作坊里制造出多种多样的工艺美术品，各作坊制作活计时，要用金、银、铜、铁、锡、铅、绸缎绫、线绢绒绦、丝弦、布匹、毯毡、皮张、席片、木、竹、纸张、颜料、玉石、玛瑙、象牙、鳅角、玳瑁、蜜蜡、宝砂、锦带、黄白腊、檀降香、糯米面、稻谷、煤炭、木紫、潮脑等，都是从各地以进贡名义搜刮而来，用这些原料制造出来的工艺品，就都属于专有了。溥仪出宫后，故宫博物院成立，点收残存的器物，数字还相当可观。现在各宫原状陈列的和珍宝馆的器物，不少是宫廷中制造的。这些皇宫中制造的精巧工艺品，都是劳动人民创造的，属于传统文化的珍贵遗产。

此外还有江宁织造、苏州织造、杭州织造这三个织造部门，它们的本职是专为封建皇帝及其皇族成员生产穿戴用的特种绫罗绸缎。

第六节　清代文字狱与清代禁书陈列札记

在中国历史上往往有读书人因为文字而获罪的，有的是因批评政治，有的是因指斥封建君主或官僚个人，还有的是因为违背当时的封建思想。由于任何一个原因而把一个读书人监禁起来或杀死或将已死去的开棺戮尸，甚至株连家人与朋友的，都叫作文字狱。清初入关时，曾竭力收买汉族士大夫，对一般读书人采取宽大态度。到了康、雍、乾时代，统治根基已极巩固，汉化程度亦逐渐提高。清王朝知道明末有很多的著述指斥在东北边疆建州发祥的爱新觉罗氏为建州夷人，因而禁止这类书籍广泛流传，并通令各省汇集缴进销毁，达数千种，即后世所称的清代禁书。

新中国成立后，在北京故宫博物院早期工作中，余于整理原清代军机处档案时，得见很多这类史料，但有些原档经南迁后，现收藏在台北“故宫博物院”。北京故宫博物院曾将留存中的小部分与清代禁书配合着展览陈列出来，我们面对这些文字狱史料和几十种禁书，看到封建专制君主随便戮杀数十人之残暴事件，在当时并不是一件稀奇之事。这么大规模销毁书籍，不能不说是很惊人骇世的事件。

1. 乾隆时修《四库全书》，曾征求天下遗书，因之发现若干种有违碍字样的书籍，又吹毛求疵地造成很多惨烈的文字狱案件，有时在一案中可能杀害数十人的性命。如乾隆四十三年，江苏东台徐述夔《一柱楼诗》案。因诗中有“明朝期振翮，一举去清都”句，不用“明夕”而用“明朝”，指他是故意把朝夕的朝字，用作朝代的朝字，想要复兴明朝，推翻清朝。在这种解释下，已死的徐述夔父子被开棺锉尸、枭首示众。其孙徐食田、徐食书和列名校阅的徐首发、沈成韵，办理此案不善的地方大吏布政使陶易等人，全都罹了杀身之祸。

2. 吕留良案。在我们陈列的禁书中，有一种书名叫《大义觉迷录》，此案牵连到浙江读书人吕留良。其时吕氏已死近五十年了，他的儿子吕葆中也死了很久。吕留良是在康熙二十二年（1683）死的，吕葆中是康熙末年死的，此案发生则是在雍正七年（1729）。但是结果还是把吕氏父子开棺戮尸，把在世的吕毅中处死，吕留良孙子辈都拟定了死刑。后来因为人数太多，改为发遣黑龙江给披甲人为奴，永远不能够翻身，发遣为奴的一共有百名子孙，一直到了中华民国成立后，吕氏子孙才恢复一般人民的身份，时间已过去二百年。

3. 王锡侯案。乾隆年间江西举人王锡侯，删改了《康熙字典》，另编了一部《字贯》。弘历（乾隆）认为这是侮谩他的祖父康熙的“御制作品”，遂把王锡侯科以大逆不法罪名，“从宽斩决”，就是立即杀死的意思，因为大清律里还有凌迟处死的一条，所以立即杀死还是从宽呢。王锡侯的妻一、子三、媳三、孙七，全都定死罪，是“斩监候秋后处决”。此外还把当时江西巡抚海成也定死罪，因为海成起初把王锡侯的《字贯》看作平常的书籍，没有看出是大逆不法的逆书。同时也给为《字贯》作序的人分别都拟了罪名。

有清一代像上面所说的文字狱事件及禁书大约查出百案之多。

第七节　宗教势力在皇宫

历来封建皇帝大都是信奉宗教以统治人民，祈祷国祚绵长、帝位巩固、长生不老，明清两代也是如此。明太祖朱元璋在青年时代曾一度入皇觉寺为僧，得天下后对于僧道极为重视。在国家机构礼部职官员中，设有僧禄司、道禄司，和尚头衔有法王、大国师等称号，在宗教称号之外，有的还加国家官制职名，如加尚书衔或封为伯爵（《明史》）。

朱元璋分封诸子到各地称王，在王府中供养僧人视为常规。燕王府的道衍和尚姚广孝在《明史》里是个赫赫有名的人物，当燕王朱棣举兵进攻南京，赶走建文皇帝时，道衍和尚辅佐之力独多，在未举兵前，道衍在燕王府中日夜为朱棣出谋划策，朱棣称帝后封道衍为伯爵，为明代名臣之一，其画像藏于宫中，和历代名臣像并列。此外还有一个神仙化的道士张三丰，在明王朝一代一直是人们崇敬的人物，洪武、永乐两朝多次派人在全国各地寻访，永乐时寻访不得，不惜花费大量财富，在湖北武当山建造一座太和观，据说就是为张三丰兴建的，其范铜的金顶殿辉煌耀目，现在已成为我国有名的古建筑，列为重点文物保护单位了。

明朝嘉靖皇帝更是信奉道教，日日夜夜办道场，以图皇国永固、寿命万年。他糜费大量资财，在现在的养心殿西边一带改建了几座修炼道教的殿宇，现在故宫中有嘉靖留下的供奉道教场所，如宫后苑的钦安殿、东路的玄穹宝殿等。有明一代是高度集权的封建王朝，到嘉靖时已是明王朝逐步走向灭亡的时期了。

清代起自东北，本来崇信萨满教，借宗教为牢笼统治全国人民。清第一个进关到北京称帝的福临（顺治）对佛教中的显宗、密宗一律信奉，曾将浙江号称高僧的木陈道忞和尚、玉琳和尚等请入宫中谈佛法。福临是一个过着淫逸生活的年轻皇帝，十几岁的孩子能查出名字的后妃就有二十七个（见清代后苑陵寝），他有个宠妃董鄂氏在顺治十七年死去，福临哀痛异常，令全国为之服丧，批示臣工奏事用蓝色笔，所用的典礼有的还过于皇后。福临本人当时是痛不欲生，终日发疯殴打宫监随侍，甚至要舍掉帝位去当和尚，并拜玉琳和尚门下，取名行痴，为玉琳弟子辈。在清史中顺治出家为清史疑案之一。

在当时，福临不仅信佛，还信西洋天主教，对于明代末年来到中国的天主教徒汤若望也是信奉有加，许其来往宫中。据说当时中外宗教徒在宫中均曾参与政治活动，木陈道忞所著《北游集》和德国人魏特所写的《汤若望传》中，均有关于开导福临的记载，各述开导福临的功劳。《北游集》因泄露宫廷秘事在雍正年间即为禁书了。天主教在皇城中建有教堂，宫廷中信仰未衰，雍正、乾隆年间，皇亲贵族中信奉天主教的还有很多人。康熙末年，诸子争夺帝位，各植党羽，西洋人天主教徒亦参与其间，有时用西洋文字通消息。

清代从东北带来的原始教萨满教，在清代宫廷中一直被信奉着。作为皇后寝宫的坤宁宫，在清代主要是萨满教活动的地方，现在坤宁宫还保留着一部分原状。

第八节　外国使节进皇宫

外国人进入皇宫的事早在17世纪就有过，像意大利人南怀仁、汤若望都是以技术专长来到中国从事传教，并在中国做了官，汤若望出入宫禁成为清代顺治皇帝的亲信。至于以正式国家代表身份来中国的，则是18世纪清乾隆时英国派遣的以马戛尔尼为首的代表团，他们在热河行宫避暑山庄觐见了乾隆皇帝，并赠给中国钟表仪器之类的礼物。那时是中国以天朝自居的时代。到了1840年以后，清王朝在列强侵略下，被迫改为在皇宫里接见外国使节，那是清同治十二年（1873）发生的。

由于英国向我国输入鸦片毒品，掠夺我国白银、丝织、茶叶等物产，故中国和英国在1840年开战，史称鸦片战争。中国失败了，除去和英国签订了一个丧权辱国的《南京条约》外，西方其他资本主义国家也都能享受共同的待遇，即所谓门户开放——于是都趁机压迫中国政府和人民，掠取大小不等的利益。中英南京条约签订后不久，英法两国借题联合起来制造第二次鸦片战争。这段历史不再细说了。

1858年中英《天津条约》第三条规定，英国钦差大臣可在京师或长期居住或随时往来，但何时实施，须具体协商再定。可是侵略者不顾当日要进行具体协商的附件规定，竟派遣海军舰队由天津进白河直逼北京。这就是当日革命导师马克思所揭露的“对华新的战争”。

英法两国集合大量武力，以野蛮的行径攻入北京烧杀抢掠，无所不为，我国世界驰名的万园之园——圆明园因之被毁。清廷在侵略者武力压迫下，又签订了一个《北京条约》，又叫《北京续约》。

关于外国代表到北京居住和觐见中国皇帝的问题，清王朝的态度是这样，宁愿多给侵略者一些利益，也不肯叫外国人到北京来。1861年奕讠（咸丰）死在热河行宫，载淳（同治）作为6岁的孩子继为皇帝，由奕讠的两个老婆以太后身份垂帘听政。这时，清王朝以皇上年轻，太后见外国人不合中国国情为理由，拖延各使觐见。从此侵略者集团的代表们每次企图伸开侵略之手时，总要提到觐见中国皇帝一事，以此进行要挟，于是每次侵略者都会得到一些好处。到了1872年载淳结婚了，举行亲政后，侵略者又重提旧事，说皇上年幼的话已经失效了，清廷只好从觐见礼节上来磨时间，最后决定在紫光阁接见，当时有日、俄、英、法、荷五个国家代表。此后在中国日趋削弱情况下，见中国皇帝已是习以为常，什么团城承光殿、紫禁城文华殿和皇帝寝宫乾清宫都开放了，叶赫那拉氏在颐和园的仁寿殿都成了外国代表出入的地方。从表面上看外国代表在皇宫里见中国皇帝是一般的外交事例，其实却是中国近代百年中遭受列强侵略被迫做出的行动。

第九节　叶赫那拉氏（慈禧）的专权

叶赫那拉氏（慈禧）曾经掌握清代封建王朝政权长达四十八年，具体是1861年至1908年，自鸦片战争后，造成中国殖民地半殖民地的境地，叶赫那拉氏是第一号罪魁。

叶赫那拉氏掌权后的头衔有圣母皇太后、慈禧皇太后，晚年在宫廷中则被尊为老佛爷。原来在1850年道光皇帝旻宁病死，其子奕詝称帝为咸丰皇帝。就在这时太平天国运动爆发，以疾风暴雨之势动摇了腐败的清王朝，同时也打击了外国侵略者的势力。清王朝指使曾国藩、李鸿章等镇压太平天国运动。1856年英法侵略者又开始挑起第二次鸦片战争，当时的奕詝在内忧外患之中只是沉溺酒色、选妃选嫔，叶赫那拉氏就是这样选进宫的，而后得到奕詝宠爱。最初封为低级贵人，后来晋升为嫔位，在奕詝的一群后妃嫔中只有叶赫那拉氏生了一个儿子，于是又升为妃。当英法联军进攻北京时，奕詝却逃往热河避暑山庄去了。1861年奕詝死在热河，继承帝位的就是叶赫那拉氏所生已经6岁的儿子载淳，当日由郑亲王端华、怡亲王载垣、宗室大学士肃顺等赞襄政务大臣辅佐小皇帝。载淳继位后，钮祜禄氏和叶赫那拉氏都被尊称为皇太后。当时钮祜禄氏与叶赫那拉氏均为二十余岁的年轻寡妇，那些受奕詝临终委托的赞襄政务大臣们没有把这两位年轻的太后放在眼里，而奕詝的亲兄弟奕䜣则留在北京负责与英法侵略者进行《北京续约》的签订，未入赞襄政务大臣之列。其实叶赫那拉氏早有阴谋夺权之意，当日有个御史秉承叶赫那拉氏的旨意，上奏建议两太后垂帘听政，遭到肃顺、端华、载垣等人的反对。就在这样复杂的斗争中，奕䜣去热河迎回奕詝棺木，叔嫂密议以突然手段将端华、肃顺等人拿下处死，原来端华等人为载淳拟议为祺祥的年号也废掉不用，改为“同治”，实现了两太后垂帘听政，钮祜禄氏尊为母后皇太后，叶赫那拉氏为圣母皇太后，奕䜣则以议政王身份兼任军机大臣总管，总揽国政。

载淳到了十七岁，已是同治十一年（1872），这个小皇帝结婚了，次年两个太后将政权交给他，叫作亲政。可是一年后，载淳病死了，由于没有继承帝位的儿子，储位问题愁坏了宗室贵族和臣卿显贵，朝野议论纷纷。若给载淳立嗣，则垂帘听政的皇太后又将升太皇太后了，必将是退居颐养，不能继续掌权，载淳的皇后则是合法的听政太后。议来议去，最后决定不给载淳立嗣，而是给奕詝过继个儿子，即将奕詝七弟奕譞之子名载湉的过继过来，就是后来继位的光绪皇帝。这样一来是弟弟接替哥哥的宝座，钮祜禄氏、叶赫那拉氏还保持垂帘听政的身份，却把应该当而没当成太后的载淳帝之后挤迫自杀了。

载湉的母亲是叶赫那拉氏的亲姊妹，载湉本是侄子辈过继给奕詝为儿子，这个关系两个太后是一样的，可是叶赫那拉氏比钮祜禄氏又多一层姨甥关系。当奕詝死后，两个太后之间的矛盾本来传说很多，至是又增添了血源亲疏关系的矛盾。

光绪七年（1881）三月初十，钮祜禄氏突然在一夜之间得病而死，令人惊异。辛亥革命后，西宫害死东宫之说则公开流传出来。按清代宫中规矩，帝后得病，例由太医院医生会诊处方，钮祜禄氏病时共有五方。第一方只写着御医庄守和一人，对此每日进宫教读载湉的老师翁同龢，在钮祜禄死的那天日记中，特将只有一人处方一事记在日记里。后在六月初四，又记载湉在书房中有言及慈安大故就泣然流泪之事。另一京中小臣李慈铭在日记中记有，东宫素无疾之言，亦有惊异之意。这两个人日记所记，对慈安之死因不明，似有弦外之音，启人疑

光绪皇帝

案。但在钮祜禄氏未死之前，叶赫那拉氏本在生病，钮祜禄氏死了，叶赫那拉氏的病随之就好了。按照清代的制度，帝后死去，为帝后看病的御医和太医院的头领，都要照例给予处分，为钮祜禄氏治病的御医庄守和所戴“顶戴”的荣誉因此被撤销了。但在钮祜禄氏死后才三个月的时间，叶赫那拉氏借给她治好病为名，又特别赏给庄守和匾额的奖赏。据此，宫外种种传说是不无根据了。我们现在提到这事，不是充当他们的检察官，来定前王朝的旧案。但历史事件告诉我们，垂死的清王朝宫闱中仍存争权夺利的斗争，叶赫那拉氏是一个野心勃勃、阴险狠毒的人物。从肃顺等人被杀，到载淳的皇后自杀，再到钮祜禄之死，都是叶赫那拉氏阴谋手段所致。另外，她在五十岁生日时，对其居住的储秀宫大事装修，全用香楠木雕刻万福万寿图案，游廊壁上嵌满了颂寿的词语，并于晚年在皇宫中特设一个绮华馆，专门为其织绣衣料，花样由如意馆中的画师设计，叶赫那拉氏晨装衣服织有含苞未放的花枝，午装则换上花枝盛开的织纹图案衣物。

到了光绪廿年（1894），日本帝国主义侵略我国，中国人民勇敢进行反击，而叶赫那拉氏却不做抗击的准备，公然挪用建设海军国防的经费和搜刮人民的财富兴建颐和园，又大办六十岁生日。结果战争失败了，和日本签订《马关条约》，

储秀宫内景

以割地赔款结束，因当年是中国旧历“甲午”，故史称“甲午战争”。

中国自从“甲午战争”失败后，面临着被列强瓜分的危机，内政外交困难重重，人民生活于水深火热之中，于是变法图强的要求迅速高涨。以康有为为代表的维新派上书载湉，主张学习西方进行政治改革。载湉也想从维新中为清王朝找出路，在1898年下诏变法，积极进行新政，即历史上的“戊戌变法”。但在以叶赫那拉氏为首的顽固势力的反对打击下，维新运动只持续了一百天就失败了，变法失败后，叶赫那拉氏将载湉以养病为名囚禁起来，光绪廿五年（1899）又立皇族子嗣溥儁为大阿哥，给载淳立嗣，准备废掉载湉，接替帝位，并将溥儁养在自己的寝宫乐寿堂东院寻沿书屋。蓄谋尚未实现，义和团反帝运动爆发了。

1900年以广大农民百姓为主体，举着反帝旗帜的义和团运动首先在山东兴起，随后以疾风骤雨之势在北京爆发，震动了企图瓜分中国的帝国主义强盗们，于是英、法、美、日、德、意、俄、奥八国联军反动武装攻入北京。这时叶赫那拉氏却带着载湉等西行外逃，其后勾结帝国主义将义和团运动镇压下

溥儁

去，1901年又与列强签订了一个不平等的《辛丑条约》，由国库开支赔款白银四亿五千万两等。《辛丑条约》又进一步将中华民族推入灾难的深渊。

叶赫那拉氏由西安回京途经河南时，在外国干涉下，将她所立的“大阿哥”溥儁也废掉了，回到北京后在帝国主义卵翼下重当垂帘太后。光绪廿九年（1903），日本、沙俄两个强盗国家为争夺我国领土，竟在我国东北领土上打起仗来，当时叶赫那拉氏竟厚颜无耻地置国家主权于不顾，声明保持中立，真是令人发指。1908年旧历的十月二十日，载湉死了。叶赫那拉氏又指定溥仪继承帝位，这就是清代末帝宣统，一天后，叶赫那拉氏也一命呜呼，结束了她的专权统治。

附

记与清末大阿哥（溥儁）在酒家小聚事

约在1932年，经姻伯邵午樵丈之介，得识溥儁于后门桥酒肆。邵丈为满族，与端王府有姻戚之雅，而余当日在老北京大学研究所国学门研习明清史。故宫博物院文献馆聘有原清末宦侍唐冠卿、陈平顺二人，协助整理宫中旧藏剧本戏衣等物。唐为慈禧的御前首领，陈为御前随侍，又均为皇宫中升平署内学演员，即在宫内演唱。陈平顺字子田，在民国初年下海入梨园，于各剧院演戏，擅长北昆和京剧老生戏，师承谭鑫培。

在故宫共事时常聆听唐、陈二人叙述宫中掌故。据陈言，当日慈禧住乐寿堂，大阿哥住乐寿堂之东院寻沿书屋，故此，余愿得识溥儁也。在酒肆中见溥儁体格略显颀长，谈话俗态多于文雅，时介绍唐、陈二监之际，回忆一下曰："陈监为侍我者，当时呼为陈德儿也。"询问宫中事似讷于言，问及对慈禧的感想，捶首不愿语，举其箸蘸杯中酒，在案写一字，似是"秽"字，而立即抹去，在劝酒进菜间只评谈菜味矣。小聚颇感失望。

此后，时见其在市井小屋与引酒卖浆之客戏谑不拘，亦有时在后门西街一桅厂（寿材店），得见溥儁常于店堂闲坐，视其状生活已极落拓。时溥儁家住什刹海三座桥罗王府内。

第十节　珍妃入宫之情形与坠井之死

故宫博物院成立之后，曾将原为慈禧的御前首领太监唐冠卿、陈平顺（字子田）聘至博物院文献馆，备咨询宫廷旧事。唐、陈二人均日常随侍左右之人，慈禧居乐寿堂时，唐冠卿即居住养性门东龙爪槐之小北房。当日畅音阁经日演戏，唐、陈二人均为学戏的"内学"，即宫内演员，因此他二人在故宫除追述清宫末年故事外，还帮助整理戏衣剧本宫中乐器。对于珍妃下井事曾有回忆。约在1930年，故宫又寻访一白姓宫女，为侍候珍妃之人，口述一段回忆，时白姓宫女已老妪矣。当时笔者记如下文。

据白姓宫女言，珍妃性憨厚，喜游戏，平时居景仁宫，和帝同居养心殿。妃常与帝共饭，妃喜男装，并与帝时互易装束以为游戏。初入宫太后极钟爱，以其喜书画，曾命缪嘉惠教之。妃喜摄影术，太后闻之以为非宫嫔应为，又兼隆裕与妃意不甚善，频短之于太后之前，于是妃渐失太后欢。

太后六十万寿，值福州将军出缺，隆裕欲以此职畀予乃舅，因妃得帝之宠，倩其请于帝前，妃则以谁说都一样之语应之。隆裕以恃宠而骄，乃趋太后前告妃欺后。太后平日遇对隆裕有稍不敬者辄严责之，谓正宫中体制。今闻妃忤后，怒愈甚。时太后居仪鸾殿，隆裕同珍、瑾二妃居同豫轩，太后乃传在同豫轩侍妃之宫女及太监至，面询妃平日起居状况，叱咤备至、凛不可犯。宫监等皆以妃恭谨无大舛，太后闻立怒，以为秘不直陈，乃命掌刑太监杖击之，宫监哀号皮肉皆绽，时妃亦在侧。太后盛怒之下更命太监掌责之，令自陈，终无结果，遂夺妃号降为贵人。妃归，以当众受辱，痛不欲生，太后复实以牢笼手段，赐食品八盒以慰之。

翌早八时，太后又传轿至同豫轩见隆裕及珍、瑾二妃，因惧太后之威，后、妃同时昏晕，僵而不苏。太后乃大惧，亟至瀛台告光绪帝，帝愤然曰“死就死了，亦不立后”。自此事后，妃与太后益增嫌隙，但起居名节仍旧，只缩其侍从而已（白姓宫女侍珍妃时年近二十岁，因妃被责事，逐出宫）。

又据刘宫女言：妃每早到太后前请安毕，回景仁宫随意装束，摄照各种姿势，曾暗令太监戴安平于东华门开设照相馆，隆裕后密白于太后，乃将戴监杖击死之。宫例，妃不准坐八人轿，帝特赏之，为太后撞见，当令将轿揭毁。帝不悦，隆裕竟短妃于帝前，帝怒殴后，自此太后忌妃。

据陈平顺、唐冠卿言：

庚子七月十九日，联军将入京，宫中惊慌失措。总管崔玉贵率四十余人守蹈和门，予率四十人守乐寿堂。时甫过午，予等后门休息，突见太后自门内出，无人随侍。予遂趋前扶持乐寿堂右，太后循西廊行，予颇警愕。启问老佛爷何处去？太后曰：“汝勿问。”予随行抵角门转角处，太后边曰：“汝在颐和轩廊上守候，如有人窥视，抡击勿恤。”予方答。异间，崔玉贵扶太后出角门西去。少顷，闻珍妃至并祝老祖宗吉祥。太后曰：“义和团捣乱，洋人进京怎么办？”继语音渐微莫辨。忽闻大声曰：“我们跳井吧！”妃哭求恩典且云未犯大罪。太后曰：“说什么犯罪，难道我们等遭洋人的毒手吗？你先下去，我也下去。”妃叩首哀恳。旋闻太后呼玉贵，玉贵曰：“请主儿遵旨吧。”妃曰：“你也来逼我！”玉贵曰：“主儿下去，我还下去呢。”妃怒曰：“你不配！”予听到此不知所措。忽闻太后疾呼：“把她扔下去吧！”遂有挣扎牵扭之声，继“砰”然一声，想珍妃已坠井矣。斯时，光绪帝在养心殿，尚未之知也。

西后走后，联军入京。当际召集内务府人员会同巡视各

珍妃井

处，查封宫殿未发觉妃死矣。西后还宫，取尸草殓，其时内外皆闻知。据张颜玉言，胭脂尚存，葬于西直门外，西后死后，始移附崇陵。

第十一节　帝后一餐饭，农民数年粮

几百年间，明清两代二十四个皇帝带着他们的宠妃和众多嫔、御，役使着成千成百的宫女太监，住满了三宫六院，过着穷奢极欲、荒淫无耻的生活。在清宫历史档案里有御膳房、寿膳房的膳单记录，便是明证。

在清宫里有个内务府衙门，是给皇帝管家的机关。在它留下的档案中，还保存着18世纪乾隆朝到20世纪光绪、宣统时期供皇太后的寿膳房和供皇帝的御膳房的膳单。年代早的不用讲，单说清代同治、光绪时代，那时候正是东西两太后垂帘听政时，已是清王朝国库空虚，民穷财尽的时代了，可是他们在饮食享受方面还是想尽了办法讲排场、讲奢侈。每饭有最珍贵的燕窝菜，烹制燕窝菜还得用艺术手法，装点堆出万寿无疆的吉祥语的图案，祝颂他们统治万岁。有一张冬季菜单是这样安排的：

皇太后两位，每位备晚膳一桌。火锅二品：八宝奶猪火锅、酱炖羊肉火锅；大碗菜四品：燕窝万字银鸭子、燕窝寿字五柳鸡丝、燕窝无字白鸭丝、燕窝疆字口蘑肥鸡汤，即有“万寿无疆”之意；杯碗四品：燕窝鸡皮、氽清鱼脯、鸡丝煨鱼面、大炒肉炖海参；碟菜六品：燕窝炒炉鸭丝、蜜制酱肉、大炒肉、焖玉兰片、肉丝熘鸡蛋清、口蘑炒鸡片；片菜二品：挂炉猪、挂炉鸭；饽饽四品：白糖油糕寿意、百桃寿意、苜蓿糕寿意、百寿糕；随克食一桌（克食是小吃、点心、果脯之类）；猪肉四盘、羊肉四盘、蒸食四盘、炉食四盘。

这是膳房的膳单，有时还增加时菜，皇帝、后妃、皇族们每天还会贡献几品美味，合计起来就有上百数的食品了。这还不算完，这些东西在他们口里吃得腻烦，因而皇宫里还有野意膳房，所谓野意不外乎鹿脯、山鸡、熊掌、芦雁等等，来换换日常口味。据清宫老太监唐冠卿、陈平顺说，西太后每天吃菜都是一百多样，吃饭的时候，在她座前排列几张画金花的方桌，由十几名太监捧端食盒鱼贯而入，按顺序上菜。凡是平时喜欢吃的放在最前面，在西太后面前放着几个小碟子，以便夹置合口的菜肴。据说在一百多种菜中，仅尝几种，其余都是装装排场的。慈禧为了保持面貌的青春，每天还服珍珠粉及一些珍贵补品。皇宫中除皇帝、皇太后之外，像妃嫔等也都各有宫份，自然都是山珍海味、水陆杂陈。根据历史档案不完全统计，宫中的生活费用，每天需开支白银一万两。他们一餐饭的费用抵得上广大农民多少年的食粮啊！若具体算个账，其中仅皇帝的一顿饭费就可供近五千贫苦农民吃一年。

第十二节　溥仪出宫前夕奢华的生活

清逊帝溥仪在辛亥革命后，还住在皇宫内廷宫殿里，过着没有政权的小朝廷生活，每年仍有四百万元的开支费用，时间长达十三年之久。直到1924年冯玉祥将军发动北京政变，将其驱逐出宫才结束这奢华的生活。

溥仪在“宫禁”范围生活期间，大部分时间不外乎花在吃喝玩乐上面，如打网球、弹风琴、养洋狗、骑自行车，还从上海购来大批玩具以供消遣岁月。在饮食方面仍然维持皇帝的气派，有时甚至比慈禧太后还排场。

按清室规矩，皇帝吃饭叫“进膳”，进膳时间没有限制，只要溥仪吩咐一声“传膳”，便有十几名太监抬着大小七张膳桌，捧着几十个绘有金龙的朱漆盒，送进养心殿来。御膳平日有菜肴两桌，冬天则加设一桌火锅，此外还有各款点心、米饭、粥品三桌以及咸菜一小桌。

宣统退位后，仍保留御茶膳房，在他的御茶膳房里遗下了多张菜单，现将其中一张晚膳单抄录如次：

十一月初五（未著年），厨役宋登科恭做：

川（氽）银耳　炸凤尾虾　炖肉　熘桂（鳜）鱼片　锅塌山鸡　烧冬笋　炒鲍鱼丝　五香鸡　清蒸山药　川（氽）丸子　大虾米炒韭黄　拌燻鸡丝　清蒸扣肉　摊鸡子　糖醋白菜　肉片焖燻肝　柳叶汤　木樨汤　燻菜　酱吹桶　小肚

蒸食方面：

羊肉白菜馅包　大馒头　杈子火烧　紫米膳　白米膳　甜油炸果　咸油炸果　粳米粥　八宝甜粥　玉米糁粥　大麦仁粥

在如此多的食品外，还添有西餐。溥仪用精雕隔扇把丽景轩拆改布置成一座大西餐厅，而且还盗卖宫中文物补其奢侈生活的开支，金印金册亦押在外国的银行里，古玩、古书、古字画以赏给其皇族之名盗出宫，贩卖给外国人。当日溥仪左右皇亲侍卫、侍奉太监亦趁火打劫，偷拿私藏。后来恐露马脚，将收藏丰富的中正殿的建筑群点火烧光了。溥仪得知后，毫不感到可惜，还将火场清理后建成一座高级的网球场，其址在现故宫博物院房管科的对面。不仅如此，那些拖着长辫子的清朝遗老们，以借宫中古字画书为名，有借无还，窃为己有。

1922年12月1日（阴历十月十三日），逊帝溥仪与荣源之女结婚，号称大婚典礼，清遗老及外国使节均趋皇宫祝贺，当时彩棚筵宴热闹非凡。同时民国大总统还派特使祝贺如仪，国会议员联名祝贺，礼品是白银制炉鼎一件，上刻恭贺大清皇帝婚礼，下款刻中华民国众议院议员名单。大婚这笔开销，一方面出自搜刮民财，一方面出自盗卖宫中文物。此时溥仪在宫中亦有一英文教师庄士敦，溥仪自己亦有一英文名字叫“亨利”。还有在溥仪未出宫前，当身居中华民国大总统的徐世昌七十大寿时，溥仪赐以寿礼，徐之僚属为之具折复谢，其折曾在历史档案中见之。

按清王朝旧制，皇后凤舆应从大清门、天安门、午门直达坤宁宫。因外朝在辛亥革命后已归民国使用，因此皇后凤舆由东华门进，路过箭亭彩棚地区，而至坤宁宫。

在衣着方面，溥仪一年中究竟要做多少件衣服呢？那是没有限制的。按一本并无标明年份的清室旧账单所载：自十月初六至十一月初五，仅一个月内，就给溥仪做了皮袄十一件、皮袍褂六件、皮紧身二件、棉衣裤和紧身三十件，共计近五十件。这些衣服正式工料尚且不算，唯光贴边、兜布、子母扣和针线等零星杂项就已花费银元二千一百三十多元。如此累计，一年做衣开支是何等之巨！且单就一项平常穿着的袍褂，一年照单需换二十八种，遇上节日、大典，服饰则更为豪华了。这样的挥霍，民国政府所赋予的优待费又怎能满足开支！故此最好的生财之道就只有典卖宫中的文物，连同他祖宗的珍宝玉册，也以贷款名义押给了盐业银行。

溥仪出宫后，以清点原皇宫物品的名义成立了清室善后委员会，负责清点和保管故宫所存的文物。在善后委员会点查的原账簿上，发现经溥仪手赏出的文物共达一千数百件，当年北京故宫博物院曾印行《故宫已佚书画目录》行世。据该书《弁言》记载：民国十四年（1925）三月十九日点查毓庆宫至“余字九六四号分号五四”时，发现题名《诸位大人借去书籍字画玩物等糙账》一册，上有“宣统庚申年之日记”等字样。庚申年即公历1920年。当时知情者对于这位清逊帝随意借取故宫藏品的所为，无不大感惊讶。继之，又于是年七月三十一日点查养心殿，至“台字五二四号”，更发现赏单一束及收到单一束。二者所载物件大体相符。内计宋元明版书籍约二百余种，唐宋元明清五朝字画一千余件，皆属宫藏秘籍，当世罕见之精

清室善后委员会办公处（隆宗门外）

品，为《天禄琳琅书目》所载，《石渠宝笈》之编所收。大批国家珍宝私运宫外，流传散失，实在令人痛惜。

1924年11月4日溥仪被逐出宫后，接收清宫的清室善后委员会在点查清宫物品时，于溥仪住处养心殿发现康有为等人密谋二次复辟的一批信件，其中包括康有为与徐良给溥仪的英文教师庄士敦的函件两封等。当日清室善后委员会曾向北洋政府司法机关提起诉讼，但这次未能成为事实的复辟事件，自然得到民国政府内的前清遗老的保护而不了了之。后来，故宫博物院将这些复辟文件影印成册，题曰“甲子复辟文征”行世，因为那年是1924年，为农历甲子年。

第十三节　袁世凯称帝与溥仪复辟

辛亥革命成功，袁世凯以野心家的两面手法，窃取革命果实，民国二年（1913）十月十日在清宫太和殿就任中华民国第一任大总统。辛亥革命优待条件，溥仪可仍住内廷六宫，但象征政权的金銮宝殿，即所称三大殿，由民国管理，因此袁世凯在太和殿就职，从此由清代封建王朝蜕变为北洋军阀政府。在袁世凯窃取大总统一职之后，他一方面假惺惺地宣布永远不使君主政体再现于中国；另一方面却对清廷仍怀拳拳之忠心，曾亲写一纸上书清末帝，曰：先朝政权，未能保留，仅留尊号，至今耿耿，所有优待条件，无论何时断乎不能变更，容当列入宪法。后即袁世凯法，时间是乙卯孟冬，是1915年。

据袁世凯后来之行为，可以说其在太和殿就职大总统之时，内心已酝酿称帝之事。任总统不及三年，袁世凯指使参政院以国民代表大会提出恢复帝制之议，袁世凯立即接受此议，并积极准备黄袍加身。先在西苑居仁堂受贺，又在清宫太和殿南庑成立大典筹备处，宝座龙袍均制作完成，以嘉禾章图案为徽，新朝以红色为尚，年号洪宪，并拟改太和殿为承运殿、中和殿为体仁殿、保和殿为太极殿，时为1915年12月31日至1916

年3月22日。后在人民反对下只昙花一现而已，皇帝梦只闹哄了八十三天，袁世凯便忧郁而死。

在袁世凯的洪宪丑剧夭折之后不久，故宫里又出现了逊帝溥仪复辟的丑剧。当年，那些不死心的、保清末帝号的遗老，以封建军阀张勋为首的、仍梳发辫的辫子军，和戊戌变法时的保皇头目康有为互相勾结，于1917年5月拥戴溥仪在皇宫复辟。霎时间京城内清朝龙旗代替民国的五色旗，以梳辫发忠于清室的军阀张勋从徐州带兵进京，拥立溥仪复辟，一群辫发遗老大官进宫跪呼万岁，溥仪召见成队的清室忠臣，任命张勋为内阁议政大臣，康有为为弼德院副院长，弼德院就设在紧邻御花园的坤宁门内东边北朝房。这种妄图逆历史车轮而动的事，几天便垮台了。当时，在民国成立之前，商定给逊清室优待条件，其中规定清帝逊位之后，暂居宫禁，日后移居颐和园，民国政府负保护责任。但是溥仪不想迁出皇宫，而且仍把复辟的希望寄托在张勋等保皇复辟的势力上，但是到头来仍是昙花一现而已。当年，在清遗老封建余孽及北洋军阀政客的庇护下，溥仪没有受到应有的审判，不但一直居住皇宫中，而且与保皇党头目康有为、其英文教师庄士敦密谋再复辟。康氏风尘仆仆地来往全国各省游说实力派军阀。不过，当时国内军阀虽有赞同溥仪复辟者，亦有临时变计之人，如驻扎天津马厂的军阀段祺瑞，据说是临时举兵反对的，遂与张勋枪战于北京城内。康有为见事不祥，乃辟居北京美国美森书院，又在惊听枪炮声之余，曾有诗：“高木鸣蝉午若暑，围城炮声密如雨。步廊搔首莫问天，下帷且校春秋注。”

在1924年初冬，溥仪被在京的冯玉祥将军、摄政内阁黄郛总理及名流学者李煜瀛等以大众之望迁出皇宫，这是当年的11月5日完成的。随后成立了清室善后委员会，负责点查皇宫物品。1931年日本占领我国东北领土，并制造九一八事变，溥仪与日本勾结成立伪满洲帝国，从此，清逊帝又充当日本侵略者的傀儡了。

第五章　创建博物院

第一节　古物陈列所

古物陈列所成立于民国三年（1914），由北洋政府内务总长朱启钤主办。先把辽宁故宫及承德避暑山庄所藏文物运至北京，又将清故宫外朝的太和殿、中和殿、文华殿、武英殿辟为陈列室，其库房新建在武英殿迤西咸安宫的旧基上，结构似西洋式建筑，这是民国三年之后，用外交部从美国退还的庚款中拨付二十万元建的。

民国三年一月，朱启钤氏派护军都统治格筹备成立陈列所事。当时治格、沈国均等十余人，并有琉璃厂古玩铺工人十名起运古物。其时辽宁都督为张锡銮，热河都督为姜桂题，历任所长为治格、周肇祥、罗枢，主任为张起风、孙晋陛等。其后，奉系军阀省长一度要索回辽宁故宫文物，经周肇祥等多人致书军阀张作霖，以及由于当日政府紊乱而未实行，但文物时常为军阀所拨予，看守自盗之事时有发生。

在北京故宫外朝宫殿成立古物陈列所，这是北京故宫博物院之滥觞。应当说皇宫成为博物院应从1914年开始，朱启钤氏此举对奉天热河文物有保护之功。到抗战胜利后的1946年，古物陈列所与故宫博物院全部合为一体，统称故宫博物院。

第二节　故宫博物院第一任院长易培基

易培基，字寅村，湖南长沙人，生于1880年。早年毕业于武昌方言学堂。曾参加辛亥武昌起义，后去日本游历，在民国十三年（1924）冯玉祥支持的“临时执政府”中，任黄郛摄政内阁的教育总长。

1924年11月5日逊帝溥仪出宫，成立清室善后委员会，易即为委员之一。1925年10月10日故宫博物院成立后，易任院中理事兼古物馆馆长。转年3月，易培基先生同李大钊、李石曾等人一起领导北京大中院校学子和市民进行反帝爱国示威游行，后三一八惨案发生，易受到北洋军阀段祺瑞执政府的通缉，离开北京。1928年6月北伐胜利，南北统一，国民政府在南京成立。1929年国民政府任命易先生为故宫博物院院长，来京之际，院内同仁来到北京车站，即原北京的前门火车站前迎接，并在站前合影留念，余忝列其中，后在院中一刊物登此照为“故宫博物院全体职员欢迎易院长纪念摄影”。据说他辞掉一些官衔职务，把全部精力注入故宫博物院的事业上，他根据院内工作的实际情况，保留了善委会时期的古物、图书、文献三馆原有机构，以负责整理、研究、陈列文物、图书和档案诸项工作。同时又增设秘书处和总务处，前者可协助他处理日常工作及对那些仍散置于宫殿的各种物品加以保管，后者则负责行政后勤和一些古建维缮等各项事宜。易培基院长的远见卓识、高瞻远瞩之举，使故宫博物院的机构更加完善，奠定了故宫博物院的根基，使之进入工作开展的鼎盛时期。

然而，正在易院长为院中工作呕心沥血之际，1931年日本军国主义发动九一八事变，侵占我国东北国土，时已危及华北。故宫博物院将文物精品南迁以谋安全，由此又发生所谓“易培基盗宝案”，当时博物院职员既无所见亦无所闻，群情惶惑，存疑心中。事隔多时始得知其内幕，原来有国民党政府某要人欲攘院长，借其妇人之私怨制造一大冤案。易培基院长被迫辞职。1937年上海八一三战役发生，后日本侵略者中的文化浪人听说易培基住在租界里，便前去威胁利诱，请他出任伪职，易院长威武不屈，表达了爱国民族精神和与日文化入侵者势不合作的立场。此时易先生忧愤交加，于1937年9月含冤病故。

新中国成立后，文史出版社将数十年前由吴稚晖老先生所写《故宫盗宝案真相》一书印行，读其书尽知此冤案原委，易案得其大白于天下矣。吴稚晖先生曾有一联曰：最毒悍妇心，沉冤纵雪公为死；误交卖友客，闲官相攘谋竟深。

从清逊帝溥仪出宫，成立清室善后委员会，到故宫博物院的建立；从旧皇宫到缔造故宫博物院，这些辛苦艰劳的变革都浸透了易先生的全部心血。从成立清室善后委员会到易院长主持院务工作的最后时期，余一直在其领导下工作，亲身经历了这段历史。当年易院长每每到院，与秘书处处长、总务处处长商讨院内工作，还经常到三馆检查指导、询问情况、解决疑难，并与职员亲切交谈，有平易近人之感。余在文献馆，就曾多次见到易院长，然而遗憾的是，易培基院长未能如愿以偿实施他建院的大政措施和英明决策，为之立志奋斗一生的事业只仅仅是开始，就被一场“易培基盗宝”冤案而扼杀了。易培基先生真可称之为故宫博物院的创始人和卓越的文化领导人。

另有一事忆易培基院长。

早在1924年10月，冯玉祥将军发动“北京政变”时，曾追随孙中山参加辛亥革命的黄郛先生参与策划，当年10月22日冯玉祥回师北京，推翻曹锟政权，黄郛任内阁总理，后又以摄政行总统职权。易培基为内阁成员，教育总长，不久，黄因事而去，易培基代行总统之权，因而易培基曾刻有“白宫居摄”小章，是以美国总统所居白宫比拟其代行总统职权。后易在故宫慈宁花园题“临溪亭”匾一方，即钤“白宫居摄”章，惜“文革”动乱中已弃矣。

第三节　我与初建的故宫博物院及院匾轶事

我是老北京人，或者说是世居京城的土著吧。儿时听祖父说，先祖是在明朝随扫北大军而来，后定居北京的。我生于1907年，儿时读私塾“三百千千”，就是三字经、百家姓、千家诗、千字文一类的启蒙读物。1919年北京爆发五四运动后，当时北京大学校长蔡元培先生提倡办平民夜校，其宗旨是使一般平民子弟亦可读书。1922年我已十五岁了，于是便来到北大学生会在北大红楼办的平民夜校上课。1924年夏秋我通过考试升入北京大学史学系，这时我已是十七岁的青年了。

在太医院前合影

此照片为读小学时所摄。当时学校在地安门外东大街，面对皇城建筑，是清王朝太医院。辛亥革命后仍归清管理，每年在此祭祀三皇。摄影处是太医院大堂，后有四合院二堂，最后为后群房，其西为三皇庙，大堂之左右有太医佐领厅，西佐领厅有针灸血脉铜像，东佐领厅有土地庙。1924年溥仪出宫后，此建筑遂归地方。

1924年前太医院陈佐领官在此办一小学，余读书其中。学校是半官半私的性质，学生仅数十人。当日有多数小孩不上学。

大堂正中悬清末年立宪藤黄，堂中还立有1901年建太医院记事碑六方。

新中国成立后此处为民居，大堂为一住户生火不慎烧毁，清代太医院遗址遂不可见，现为一海鲜饭馆。近过其处，三皇庙似尚存。回忆旧日情况已七十年前事。

片中长须老人名陈守忠，为太医院佐领官，即创办学校之人。在学生群中坐者为校长，名高紫垣。

1911年的辛亥革命虽然废除了封建帝制，但逊帝溥仪及原皇室成员仍居清宫后半部，并享有“大清皇帝”尊号，不用民国纪年；一批清朝遗老旧臣仍然顶戴花翎，向溥仪跪拜称臣；大批太监宫女侍卫还在供封建小朝廷使用……这些举动，引起朝野人士以及民众的不满。于是在1924年11月5日，控制北京政局的冯玉祥将军发动“北京政变”，将溥仪驱逐出宫。当时京城警备司令鹿钟麟、警察总监张璧、民国代表李煜瀛教授与逊清室内务府绍英等磋商，往返紧邻养心殿的隆宗门之间，几经周折。据说逊清室还有令禁卫军抵抗之意，后慑于国民军之威势，始允出宫。从此花翎顶戴的遗老出入宫禁的朝代彻底结束了。

溥仪出宫后，摄政内阁发布命令，修正清室优待条件，业经公布施行。“着国务院组织清室善后委员会，会同清室近支人员，协同清理公产、私产以昭示大公。所有接收各公产暂责成该委员会妥慎保管，俟全部结束即将宫禁一律开放，备充国立图书馆、博物馆等项之用，藉彰文化而垂久远。”当时国务院发出一电告知修正优待条件情形，随之又发一电说明清逊帝溥仪出宫的好处和将来利用宫殿文物筹办博物院的意见，这是将皇宫改为博物院最早的设想。

清室善后委员会是公开的组织，有委员长一人，委员十四人，委员长推选任常务委员五人，并有监察员六人，国务院下属的各部派二三人为委员的助理，名助理员。同时，还让逊清室指定人员参加。当年还有不少北大史学系、文学院教授、助教及学生被吸收参与，准备做一些具体清查事宜。由于我在史学系，对历史考古方面兴趣极大，教授给的研习课题又是明清史，所以当年经教授和善委会批准，我得有机缘在1924年12月底进入清室善后委员会。忆当日有教授对余曰：“辛亥革命溥仪退位后，曾于民国六年（1917）进行复辟，企图推翻民国。事未得逞，仅历数日即昙花一现，以失败告终。但其再复辟之心未死，一些号称保皇党遗老，亦日日为溥仪谋之。现将溥仪逐出皇宫，毁其复辟之心和根据地，是完成孙中山辛亥革命未竟之业。意义重大。”余虽弱冠，闻之颇为兴奋，参加皇宫中旧藏文物点查事，还属于革命事业，得以为荣。

清室善后委员会不但是公开的组织，还制定有严格的规章制度，如在室内工作时，不得单独游憩，不得先进或后退。监视人员须分立于执事人员之间，不得自由来往于事务地之外。由于有极详明的点查清宫物品规则和清室善后委员会成员的无私保护，点查文物工作得以进行。当时紫禁城门前有冯玉祥部队及北京警察厅士兵守卫，工作人员均须佩戴清室善后委员会证章。我虽为汉族，但住家与旗人杂居于京城北区，由于溥仪出宫之因，原清室内务府旗人与随溥仪出宫之人皆遭失业，生活已无来源，所以迁怒于清室善后委员会的工作人员，在街上行走时时遭旗人白眼相加。一次我刚从家走出胡同，两位街坊老者怒视我，对曰："这个小子参加革命党了，把他扔到什刹海里去！"还有不少清遗老为溥仪鸣不平而奔走呼号。故此我在前往紫禁城中，则不敢将证章外露，而掩于衣襟中。

当年我家住在鼓楼大街北侧，每天步行到神武门，那时的神武门前远不是今天的样子。在神武门前还有一道门，叫北上门，在北上门的两侧有东、西连房，房前各有一道墙向东、西伸延至与景山东、西墙平行，用牌楼连起来，那时从故宫神武门是看不见景山门的，北上门顾名思义是北去的门，是故宫对景山而言的。在东、西连房后还有一条路可以通往神武门，当年我每天就是经过这条路进入故宫的。

1925年在乾清门前

初进清宫，是1925年的一二月份，时正隆冬季节，当年北京冬季平均温度好像比现在低一些，有时到零下十几摄氏度。一进神武门洞无法行走，因为西北风打得身子直转，身不由己地撞在神武门洞两壁，可以说是打着转进故宫的。进得宫禁，其凄凉之状跃然入目，每到一院落都是蓬蒿满地，高与人齐，吾辈青年手持锹镐、镰刀为点查的政府官员、教授开路。步入冷宫，寒气袭人，又无炉火，两足站地三至四小时痛如刀刺。我在善委会里是一名书记员，是低级的办事者，就是负责登记挂签之役，如某某物品其名称说出，我马上登记在册，然后编出号数，随着将此物挂上号或粘上标签。那时我是小字辈，一些年长学者知我不识器物，便亲切喊我：“来，小孩子，粘在这上（或挂在那个文物上）。”不仅如此，我要身穿特制无口袋的工作服，还以白带系紧袖口，使双手无处可藏，此乃以预防发生偷盗之事也。我进入善委会工作的同时仍在北大读书。1925年初，北大文学院史学系助教学生还利用皇宫档案编辑了一个历史知识性小型刊物，名《文献》，委我任编辑校对，出至五期，不知何故就停刊了，这是最早利用明清档案出版的刊物。当时北大诸教授如陈垣、沈兼士、沈尹默、马衡、伦明、马裕藻、朱希祖等均提携我，并同意我半工半读，就是一边在善委会做点查文物工作，一边到北大上课。

整理清宫内阁大库残存档案

自溥仪出宫后，这座明清王朝皇帝所居之禁地皇宫，即引起各方面人士的注意。紫禁城内究竟是什么样子，外面全然不知。那时是各路军阀割据的政局，执政府经常变换，强者进，弱者出，当政者无不想控制故宫，而逊清室遗老也不甘心退出他们世代盘踞的皇宫禁地。因此，上述各种势力围绕着清室善后委员会展开激烈斗争。从善委会领导者到一般执事人员，却是面临多方面的艰困与时时处于被扼杀之危险境地，因而以历尽艰辛、有利有节应付难局，一方面积极点查清宫文物，一方面为了让全国人民早日知道神秘的封建皇宫是什么样子，蕴藏的历代传世珍宝都是什么——我记得初入善委会时被告之——规定六个月的点查工作，即筹办博物院。后历十个月，在1925年10月10日由清室善后委员会决定，成立故宫博物院，辛亥革命未竟之业终于完成实现，而我已被批准留院继续供职。当年故宫博物院成立的日子正式确定下来的前几天，清室善后委员会委员长、被选推为故宫博物院成立之后的理事长的李煜瀛先生，在当年故宫文书科内，把粘连的丈余黄毛边纸铺于地上，用大抓笔半跪着书写了“故宫博物院”五个气势磅礴的大字。李先生善榜书，功力极深，当时我有幸捧砚在侧，真是敬佩不已。在故宫博物院成立的庆典大会上，此五字已庄重地镶嵌在原皇宫北门神武门的红墙上。不过今日故宫博物院匾，则是在

李煜瀛书“故宫博物院”

新中国成立后由名家所写。李煜瀛先生所写的匾额，及当年我在先生旁捧砚侍侧的情景，已成为我在故宫博物院工作七十年的记忆了。

新中国成立后故宫博物院获得新生。新中国诞生，百废待兴，但党和国家首先对宫殿群进行整理修缮，从1952年开始仅数年内即清理垃圾瓦砾二十五万立方米，另外成立以工艺技术哲匠为主体的古建维修队伍，和工程技术师共同制定“着重保养，重点修缮，全面规划，逐步实施”的维修原则，这才使故宫古建筑恢复原来的雄伟壮丽。约在1960年，大赦后的溥仪先生在编写《我的前半生》一书时，曾来故宫参观，当时由我陪同，当他走到其原住所的宫殿时，惊讶地连声说：“真整洁，我都认不得了。”

文化部部长朱穆之向单士元授予故宫博物院顾问证书

我在故宫博物院中，从一名小职员到教授，新中国成立后又被领导任命为副院长，主管故宫业务工作。1985年是故宫建院六十年，一个甲子之庆。在纪念会上，我与国家主席杨尚昆及文化部朱穆之部长等领导同坐一桌，欢庆建院典礼。会上，有关领导出于院中工作需要和对我的关心，任命我为院中顾问。工龄与院龄同庚的我，欣喜之余，赋诗一首《六十年述怀》：

乙丑入紫禁，今又乙丑年。

弹指六十载，仿佛一瞬间。

桑榆已晚景，伏枥心不甘。

奋蹄奔千里，直至到黄泉。

在1995年建院七十年前夕，有记者采访我，写报导说："溥仪出宫，单老进宫。"幽默之中，道出我在参加由皇宫缔造故宫博物院七十年的工作经历，岁月蹉跎，光阴流逝，当年参与建院的师友，或过世，或离开，如今故宫博物院中参加建院工作的老故宫人中，只有我一人了。

第四节　我与同仁那志良的重聚

应台湾方面主办单位中华海峡两岸文化资产交流促进会的邀请，经国家文物局并报请文化部和国务院对台办的批准，由中国文物学会传统建筑园林研究会组团，于1994年5月14日至23日前往台湾省，参加中华海峡两岸传统建筑技术观摩研讨会。该团由我国著名古建专家罗哲文任团长，因我年龄最长，成为第一成员并兼高级学术顾问。会议之余安排参观台北"故宫博物院"。台北"故宫博物院"的藏品是由抗战时期北平故宫博物院南迁的文物精品和南京原中央博物院所藏珍品两部分组成，部分人员也是两院迁台供职者，原北平故宫博物院那志良先生就是其中一位。

那志良先生于1925年7月来北京故宫工作，那时尚未成立故宫博物院，是清室善后委员会。我是1925年1月来善委会的，所以我与那同供职其中，我俩同属羊，同是十八岁青年，又同在一宫，自然结为无话不说的好兄弟。当年10月10日故宫博物院成立，那供职在古物馆，我分配在文献馆，虽然业务不在一部门，但仍可日日相见。

1931年以后，日本军国主义侵略我国。当时忧恐故宫所藏文物毁于战火，决定将故宫文物中择精品装箱启运南迁，此时那志良作为押运文物人员离开北京。我是老北京人，一家老小均在京城，因而留守院中，从此中断了与那志良先生的往来。

在改革开放的1984年，那志良先生曾千方百计通过有关部门邀我在香港相见，但终因种种原因未果，期间我与那先生均有鸿雁往来。此时那志良先生已是海峡两岸著名的玉器研究大家，人们都敬称他为那公。后来随着两岸文化交流的深入，我与那公如有机缘一晤，共叙友情，交流学术成就，真谓余年一大心愿矣。1992年冬那公手书一封，介绍其友学生——台北"故宫博物院"著名历史档案专家沈教授及夫人来京，与我共同探讨两岸历史档案的整理研究工作，得知那公安康。

1994年的5月21日，在台北"故宫博物院"会客厅我与那公相见，这是六十年后的第一次相见，我俩高兴地握住对方的双手，同时互相端详着，似乎在寻找对方青年时的影子。此时我眼眶湿润了，那公则老泪溢出，连说：“没办法，太欢喜了，欢喜时也要流泪的。”此时我才问候：“老哥啊，你还好吧？！”那公答道：“怎么会不好呢……”就这样我与那公激动之情才平静下来。岁月悠悠，弹指一挥六十载，青年小伙已是白发老者，那昔日的容貌，昔日的情缘，昔日的艰辛，昔日的思念，都尽在这次碰面之中。

谈文物之美，叙故友之情。大乐自在其中，但欢喜中不免

与那志良先生在台北“故宫博物院”

有丝丝悲伤与无语的隐痛。当我问及第一批南迁中的四位故宫博物院之元老时，那公轻轻回答，已故去三位。那公也迫不及待地搜寻脑中的名单，并一一回忆着。我沉思片刻只说了三个字“没有了”。往事如烟轻飘而逝，看今朝能侃谈初建北京故宫博物院者，我与那公心里已知道，海峡两岸“故宫”各剩一人了。

相见毕竟是短促的，一个甲子之情无论如何也说不尽的。我对那公说，当年乾隆六下江南，我们不能输给他，还要再聚。他的诗句“美景一时观不尽，天缘有分再来游”正是我的心情。那公听后连连点头，又笑着说对的，对的。此时我与那公又相互期许，虽已耄耋之年，不求万寿无疆，但绝不以百岁为足，并以长寿来观尽更多的人事沧桑。此时我邀请那公认为方便之时，与家人来北京，再次相见。那公高兴地接受邀请。

注：1998 年 5 月 25 日，父亲单士元因病故去。在父亲故去不足五个月后的 1998 年 10 月 14 日，接到那志良先生家人寄给父亲的那公故去的讣告，当时那志良家人尚不知父亲已故。

海峡两岸参与创建故宫博物院的最后二人，均不存于世。

单嘉筠

后记　单士元的七十年故宫情

单嘉筠

近日，北京出版社的严艳编辑找到我，告知他们正在编辑一套“大家小书”丛书。之所以找我，就是想要将我父亲单士元生前在北京故宫博物院从事学术研究的成果介绍给读者。

先父单士元生于1907年，病逝于1998年。九十一年的人生中有七十三年在故宫度过。1925年初，十八岁的他以青年学子的身份参加清室善后委员会，亲历自末帝溥仪被驱逐出宫至清宫被筹办为故宫博物院这一历史变革之业。之后赓续在院直到病逝。

父亲一生简言之，从事了两个学科的研究。第一是1925年在故宫院中清整并出版原清宫中各处存藏的旧档文献史料，与同仁开创了历史档案学科。从1925年到1980年，父亲在历史档案学领域耕耘了近六十年，经他手整理的档案不计其数，出版了《掌故丛编》《文献丛编》等以档案史料为主的期刊，同时还有《清代奏事处考》《清代起居注考》《清代秀女制度考》等专著。他最重要的贡献，首推倡建档案目录学。在其文著《档案释名发凡》中，父亲指出在我国传统文化目录学里，档案目录学应列为一格。这一远见卓识使他成为档案目录学无可争议的创始人。其二是填补了《清史稿》之遗漏。父亲是北京大学研究所国学门的研究生，他的毕业论文《总理各国通商事务衙门大臣年表》发表于1934年毕业之际，指导教授为国学门主任胡适。这篇文著响应胡适先生提出的“以毕业论文的撰写补写一代清史稿之遗漏”，使有清一代的一些史志资料得以存世。

另一学科是中国建筑学。父亲本不是学建筑的，只是早年（1929）在北京大学选修西洋史课时受到一位教授的激励才立志涉足这个领域。那位教授讲：“中国建筑有独特的艺术风格。可惜的是中国现在缺乏专门人材研究本国的建筑艺术……”父亲听后民族自尊心油然而发，决心步入古建筑探研领域。从此他在钻研明清史、金石学之外，涉猎中国建筑学。他从清代档案文献中搜集有关故宫及其他重要建筑的沿革、布局规划等史料，在北京地区对著名古建筑、古园林进行调查。同时对紫禁城内各类建筑进行对比研究，每有所得即随手写出札记，以求同道商榷交流。

1929年，曾是代理国务总理的朱启钤在北京创办了第一个研究中国建筑的机构——中国营造学社，次年父亲受邀加入其中。1937年因北平沦陷，营造学社被迫转移，在这八年中，父亲在营造学社写出了《明代建筑大事年表》《明代营造史料》《清代建筑大事年表》等文著。更为重要的是，他与当年社友同仁谢国桢、梁思成、刘敦桢等人对宋代《营造法式》一书进行了各种版本的校对工作。其中，他又提出应对古建筑的传统工艺技术进行研究。中国古建筑的传统工艺技术，几千年来都是师徒口耳相传，又因为是劳力者，不被封建社会上层官宦所重视，在史书文献上留下的文字少之又少。当年探研建筑者，多对古建筑的工艺技术不甚了解，研究者更是凤毛麟角。父亲在营造学社内首先提出对古建筑工艺技术进行研究，纳其入中国建筑史研究的范畴。这样，他对古建筑传统工艺技术的研究就走在了前头。

他认为：古建筑，古也；古也，历史也。也就是说对于古建筑要有历史的学识来进行原貌保护与修缮。新中国成立后他被任命为故宫第一任主管古建维修的副院长，通过与同事对院中古建历经清末民国未得妥善管理、殿宇楼台宫室内外破乱不堪的现状调查，他提出四句十六字保护修缮方针：着重保养，重点修缮，全面规划，逐步实施。这十六字后来成为故宫古建筑维修的基本方针。1957年父亲在《北京故宫进行修护保养的状况》一文中说：“明清故宫是中国宫殿建筑总结性的杰作，应当在保持原状的原则下更好地加以保护……在保养修缮工作中，不能简单地按一般工程考虑，而要采取慎重态度，结合历史文献进行。要把工作重点放在保养上……不能要求将故宫修得焕然一新，将来也不应考虑将它变为全新的。”

1958年下半年，一项为新中国成立第一个十周年献礼的大修任务布置下来，首要工程就是对太和殿及四庑崇楼等脱落残损的彩画重新彩绘。这个政治性工程的重担落在了父亲身上。在领导与匠师的支持下，父亲与同事们终于提前高质量地完成了大修任务。在人们争相参观之际，有人兴奋地畅言：“金碧辉煌、美轮美奂是过去在诗赋中读到过的，今天却亲眼得见了。”

在半个多世纪的古建研究中，父亲逐渐形成了独到的见解：中国建筑史的研究若仅仅侧重历史素材和实物的调查，而忽视建筑理论的研究；若只着重建筑布局和造型艺术的探讨，而不讲工艺之学和工具之学等，就无法全面理解祖国建筑的形成与发展，无法构成完整的中国建筑史。这是父亲对中国建筑史研究的一大贡献，也是他青年时期“中国人有能力研究本国建筑文化”的夙愿的实现。1985年10月10日是故宫博物院成立六十周年纪念日。父亲作为唯一一位供职六十年的老故宫人，则是双喜临门，古稀之年的他不再担任故宫博物院副院长，而被任命为顾问，全面指导院务。为此他做了《甲子抒情》诗一首：

乙丑入紫禁，今又乙丑年。
弹指六十载，仿佛一瞬间。
桑榆已晚景，伏枥心不甘。
奋蹄奔千里，直至到黄泉。

附言：“1924年11月5日清逊帝被逐出宫，成立清室善后委员会、余为善委会工作人员之一。余时初进紫禁城为1924年12月底，应为甲子之末。由于博物院成立于1925年，遂以乙丑年纪之。余今已暮年，将以残烛之光为人民服务，死而后已，用此以报党的教育之恩。”

十年后的1995是建院七十周年，有人戏言：“溥仪出宫，单老进宫！”虽说是戏言，但道出了父亲一生的经历。细算起来，清逊帝溥仪不过在紫禁城度过了十六年，父亲却在紫禁城度过了七十年，从一位青年学子成长为“故宫学”大家。父亲晚年回忆故宫博物院建院初期，曾说：“我在前辈师长教育下，保护紫禁城文物并受教传统文化知识。现在我成为文博界老兵，一个老故宫人，而师长已归道山。当年我等青年与师辈共同续写紫禁城的历史，不是皇宫史，而是故宫博物院的院史。”对于故宫博物院的五字匾额，他认为，“故宫”是最早列入世界文化遗产名录和全国重点保护单位的古建筑群体；“博物院”则规模为全国之最。作为原皇宫建筑的紫禁城，它不同于其他大型新建馆院，其本身就是最大的不能移动的陈列品，紫禁城这座古建群体反映了中华民族的文化传统，可以视为一部通史。故宫博物院曾赠给父亲两块匾额，一块是“鸿才硕彦”，另一块是“国宝卫士”，赞誉他为清史补遗、做古建首研的贡献。这或许是父亲一生的写照，也是他与故宫结缘七十年的见证。

国家新闻出版广电总局

首届向全国推荐中华优秀传统文化普及图书

大家小书书目

国学救亡讲演录	章太炎 著 蒙 木 编
门外文谈	鲁 迅 著
经典常谈	朱自清 著
语言与文化	罗常培 著
习坎庸言校正	罗 庸 著 杜志勇 校注
鸭池十讲（增订本）	罗 庸 著 杜志勇 编订
古代汉语常识	王 力 著
国学概论新编	谭正璧 编著
文言尺牍入门	谭正璧 著
日用交谊尺牍	谭正璧 著
敦煌学概论	姜亮夫 著
训诂简论	陆宗达 著
金石丛话	施蛰存 著
常识	周有光 著 叶 芳 编
文言津逮	张中行 著
经学常谈	屈守元 著
国学讲演录	程应镠 著
英语学习	李赋宁 著
中国字典史略	刘叶秋 著
语文修养	刘叶秋 著
笔祸史谈丛	黄 裳 著
古典目录学浅说	来新夏 著
闲谈写对联	白化文 著
汉字知识	郭锡良 著
怎样使用标点符号（增订本）	苏培成 著
汉字构型学讲座	王 宁 著

诗境浅说	俞陛云　著
唐五代词境浅说	俞陛云　著
北宋词境浅说	俞陛云　著
南宋词境浅说	俞陛云　著
人间词话新注	王国维　著　滕咸惠　校注
苏辛词说	顾　随　著　陈　均　校
诗论	朱光潜　著
唐五代两宋词史稿	郑振铎　著
唐诗杂论	闻一多　著
诗词格律概要	王　力　著
唐宋词欣赏	夏承焘　著
槐屋古诗说	俞平伯　著
词学十讲	龙榆生　著
词曲概论	龙榆生　著
唐宋词格律	龙榆生　著
楚辞讲录	姜亮夫　著
读词偶记	詹安泰　著
中国古典诗歌讲稿	浦江清　著 浦汉明　彭书麟　整理
唐人绝句启蒙	李霁野　著
唐宋词启蒙	李霁野　著
唐诗研究	胡云翼　著
风诗心赏	萧涤非　著　萧光乾　萧海川　编
人民诗人杜甫	萧涤非　著　萧光乾　萧海川　编
唐宋词概说	吴世昌　著
宋词赏析	沈祖棻　著
唐人七绝诗浅释	沈祖棻　著
道教徒的诗人李白及其痛苦	李长之　著
英美现代诗谈	王佐良　著　董伯韬　编
闲坐说诗经	金性尧　著
陶渊明批评	萧望卿　著

古典诗文述略	吴小如　著
诗的魅力 ——郑敏谈外国诗歌	郑　敏　著
新诗与传统	郑　敏　著
一诗一世界	邵燕祥　著
舒芜说诗	舒　芜　著
名篇词例选说	叶嘉莹　著
汉魏六朝诗简说	王运熙　著　董伯韬　编
唐诗纵横谈	周勋初　著
楚辞讲座	汤炳正　著 汤序波　汤文瑞　整理
好诗不厌百回读	袁行霈　著
山水有清音 ——古代山水田园诗鉴要	葛晓音　著
红楼梦考证	胡　适　著
《水浒传》考证	胡　适　著
《水浒传》与中国社会	萨孟武　著
《西游记》与中国古代政治	萨孟武　著
《红楼梦》与中国旧家庭	萨孟武　著
《金瓶梅》人物	孟　超　著　张光宇　绘
水泊梁山英雄谱	孟　超　著　张光宇　绘
水浒五论	聂绀弩　著
《三国演义》试论	董每戡　著
《红楼梦》的艺术生命	吴组缃　著　刘勇强　编
《红楼梦》探源	吴世昌　著
《西游记》漫话	林　庚　著
史诗《红楼梦》	何其芳　著 王叔晖　图　蒙　木　编
细说红楼	周绍良　著
红楼小讲	周汝昌　著　周伦玲　整理

曹雪芹的故事	周汝昌　著　周伦玲　整理
古典小说漫稿	吴小如　著
三生石上旧精魂 ——中国古代小说与宗教	白化文　著
《金瓶梅》十二讲	宁宗一　著
中国古典小说十五讲	宁宗一　著
古体小说论要	程毅中　著
近体小说论要	程毅中　著
《聊斋志异》面面观	马振方　著
《儒林外史》简说	何满子　著

我的杂学	周作人　著　张丽华　编
写作常谈	叶圣陶　著
中国骈文概论	瞿兑之　著
谈修养	朱光潜　著
给青年的十二封信	朱光潜　著
论雅俗共赏	朱自清　著
文学概论讲义	老　舍　著
中国文学史导论	罗　庸　著　杜志勇　辑校
给少男少女	李霁野　著
古典文学略述	王季思　著　王兆凯　编
古典戏曲略说	王季思　著　王兆凯　编
鲁迅批判	李长之　著
唐代进士行卷与文学	程千帆　著
说八股	启　功　张中行　金克木　著
译余偶拾	杨宪益　著
文学漫识	杨宪益　著
三国谈心录	金性尧　著
夜阑话韩柳	金性尧　著
漫谈西方文学	李赋宁　著
历代笔记概述	刘叶秋　著

周作人概观　　舒　芜　著
古代文学入门　　王运熙　著　董伯韬　编
有琴一张　　资中筠　著
中国文化与世界文化　　乐黛云　著
新文学小讲　　严家炎　著
回归，还是出发　　高尔泰　著
文学的阅读　　洪子诚　著
中国文学1949—1989　　洪子诚　著
鲁迅作品细读　　钱理群　著
中国戏曲　　么书仪　著
元曲十题　　么书仪　著
唐宋八大家
——古代散文的典范　　葛晓音　选译

辛亥革命亲历记　　吴玉章　著
中国历史讲话　　熊十力　著
中国史学入门　　顾颉刚　著　何启君　整理
秦汉的方士与儒生　　顾颉刚　著
三国史话　　吕思勉　著
史学要论　　李大钊　著
中国近代史　　蒋廷黻　著
民族与古代中国史　　傅斯年　著
五谷史话　　万国鼎　著　徐定懿　编
民族文话　　郑振铎　著
史料与史学　　翦伯赞　著
秦汉史九讲　　翦伯赞　著
唐代社会概略　　黄现璠　著
清史简述　　郑天挺　著
两汉社会生活概述　　谢国桢　著
中国文化与中国的兵　　雷海宗　著
元史讲座　　韩儒林　著

魏晋南北朝史稿	贺昌群 著
汉唐精神	贺昌群 著
海上丝路与文化交流	常任侠 著
中国史纲	张荫麟 著
两宋史纲	张荫麟 著
北宋政治改革家王安石	邓广铭 著
从紫禁城到故宫——营建、艺术、史事	单士元 著
春秋史	童书业 著
明史简述	吴 晗 著
朱元璋传	吴 晗 著
明朝开国史	吴 晗 著
旧史新谈	吴 晗 著 习 之 编
史学遗产六讲	白寿彝 著
先秦思想讲话	杨向奎 著
司马迁之人格与风格	李长之 著
历史人物	郭沫若 著
屈原研究（增订本）	郭沫若 著
考古寻根记	苏秉琦 著
舆地勾稽六十年	谭其骧 著
魏晋南北朝隋唐史	唐长孺 著
秦汉史略	何兹全 著
魏晋南北朝史略	何兹全 著
司马迁	季镇淮 著
唐王朝的崛起与兴盛	汪 篯 著
南北朝史话	程应镠 著
二千年间	胡 绳 著
论三国人物	方诗铭 著
辽代史话	陈 述 著
考古发现与中西文化交流	宿 白 著
清史三百年	戴 逸 著

清史寻踪	戴　逸　著
走出中国近代史	章开沅　著
中国古代政治文明讲略	张传玺　著
艺术、神话与祭祀	张光直　著 刘　静　乌鲁木加甫　译
中国古代衣食住行	许嘉璐　著
辽夏金元小史	邱树森　著
中国古代史学十讲	瞿林东　著
历代官制概述	瞿宣颖　著
宾虹论画	黄宾虹　著
中国绘画史	陈师曾　著
和青年朋友谈书法	沈尹默　著
中国画法研究	吕凤子　著
桥梁史话	茅以升　著
中国戏剧史讲座	周贻白　著
中国戏剧简史	董每戡　著
西洋戏剧简史	董每戡　著
俞平伯说昆曲	俞平伯　著　陈　均　编
新建筑与流派	童　寯　著
论园	童　寯　著
拙匠随笔	梁思成　著　林　洙　编
中国建筑艺术	梁思成　著　林　洙　编
沈从文讲文物	沈从文　著　王　风　编
中国画的艺术	徐悲鸿　著　马小起　编
中国绘画史纲	傅抱石　著
龙坡谈艺	台静农　著
中国舞蹈史话	常任侠　著
中国美术史谈	常任侠　著
说书与戏曲	金受申　著
世界美术名作二十讲	傅　雷　著

中国画论体系及其批评　李长之　著
金石书画漫谈　启　功　著　赵仁珪　编
吞山怀谷
——中国山水园林艺术　汪菊渊　著
故宫探微　朱家溍　著
中国古代音乐与舞蹈　阴法鲁　著　刘玉才　编
梓翁说园　陈从周　著
旧戏新谈　黄　裳　著
民间年画十讲　王树村　著　姜彦文　编
民间美术与民俗　王树村　著　姜彦文　编
长城史话　罗哲文　著
天工人巧
——中国古园林六讲　罗哲文　著
现代建筑奠基人　罗小未　著
世界桥梁趣谈　唐寰澄　著
如何欣赏一座桥　唐寰澄　著
桥梁的故事　唐寰澄　著
园林的意境　周维权　著
万方安和
——皇家园林的故事　周维权　著
乡土漫谈　陈志华　著
现代建筑的故事　吴焕加　著
中国古代建筑概说　傅熹年　著

简易哲学纲要　蔡元培　著
大学教育　蔡元培　著
北大元培学院　编
老子、孔子、墨子及其学派　梁启超　著
春秋战国思想史话　嵇文甫　著
晚明思想史论　嵇文甫　著
新人生论　冯友兰　著

中国哲学与未来世界哲学	冯友兰　著
谈美	朱光潜　著
谈美书简	朱光潜　著
中国古代心理学思想	潘　菽　著
新人生观	罗家伦　著
佛教基本知识	周叔迦　著
儒学述要	罗　庸　著　杜志勇　辑校
老子其人其书及其学派	詹剑峰　著
周易简要	李镜池　著　李铭建　编
希腊漫话	罗念生　著
佛教常识答问	赵朴初　著
维也纳学派哲学	洪　谦　著
大一统与儒家思想	杨向奎　著
孔子的故事	李长之　著
西洋哲学史	李长之　著
哲学讲话	艾思奇　著
中国文化六讲	何兹全　著
墨子与墨家	任继愈　著
中华慧命续千年	萧萐父　著
儒学十讲	汤一介　著
汉化佛教与佛寺	白化文　著
传统文化六讲	金开诚　著　金舒年　徐令缘　编
美是自由的象征	高尔泰　著
艺术的觉醒	高尔泰　著
中华文化片论	冯天瑜　著
儒者的智慧	郭齐勇　著

中国政治思想史	吕思勉　著
市政制度	张慰慈　著
政治学大纲	张慰慈　著
民俗与迷信	江绍原　著　陈泳超　整理

政治的学问	钱端升　著　钱元强　编
从古典经济学派到马克思	陈岱孙　著
乡土中国	费孝通　著
社会调查自白	费孝通　著
怎样做好律师	张思之　著　孙国栋　编
中西之交	陈乐民　著
律师与法治	江　平　著　孙国栋　编
中华法文化史镜鉴	张晋藩　著
新闻艺术（增订本）	徐铸成　著
经济学常识	吴敬琏　著　马国川　编
中国化学史稿	张子高　编著
中国机械工程发明史	刘仙洲　著
天道与人文	竺可桢　著　施爱东　编
中国医学史略	范行准　著
优选法与统筹法平话	华罗庚　著
数学知识竞赛五讲	华罗庚　著
中国历史上的科学发明（插图本）	钱伟长　著

出版说明

“大家小书”多是一代大家的经典著作，在还属于手抄的著述年代里，每个字都是经过作者精琢细磨之后所拣选的。为尊重作者写作习惯和遣词风格、尊重语言文字自身发展流变的规律，为读者提供一个可靠的版本，“大家小书”对于已经经典化的作品不进行现代汉语的规范化处理。

提请读者特别注意。

北京出版社